"Gargantua"
et les délits du corps

Studies in the Humanities
Literature—Politics—Society

Guy Mermier
General Editor

Vol. 33

PETER LANG
New York • Washington, D.C./Baltimore • Boston
Bern • Frankfurt am Main • Berlin • Vienna • Paris

Martine Sauret

"Gargantua"
et les délits du corps

PETER LANG
New York • Washington, D.C./Baltimore • Boston
Bern • Frankfurt am Main • Berlin • Vienna • Paris

Library of Congress Cataloging-in-Publication Data

Sauret, Martine.
"Gargantua" et les délits du corps/ Martine Sauret.
p. cm. — (Studies in the humanities; vol. 33)
Includes bibliographical references and index.
1. Rabelais, François, ca. 1490–1553? Gargantua.
2. Body, Human, in literature. I. Title. II. Series: Studies
in the humanities (New York, N.Y.); vol. 33.
PQ1694.S335   843'.3—dc20   96-42925
ISBN 0-8204-3685-2
ISSN 0742-6712

Die Deutsche Bibliothek-CIP-Einheitsaufnahme

Sauret, Martine:
"Gargantua" et les délits du corps/ Martine Sauret. –New York;
Washington, D.C./Baltimore; Boston; Bern;
Frankfurt am Main; Berlin; Vienna; Paris: Lang.
(Studies in the humanities; Vol. 33)
ISBN 0-8204-3685-2
NE: GT

Cover design by James F. Brisson.

The paper in this book meets the guidelines for permanence and durability
of the Committee on Production Guidelines for Book Longevity
of the Council of Library Resources.

© 1997 Peter Lang Publishing, Inc., New York

Printed in the United States of America.

A ma famille

Remerciements

Je tiens tout d'abord à remercier le Professeur Tom Conley pour avoir été tout au long de mes études un soutien permanent tant moral qu'intellectuel. Sa grande curiosité, son immense savoir, sa rigueur, son humilité et son habileté à communiquer m'ont permis d'acquérir des connaissances très précises, d'envisager la lecture des écrivains du 16e siècle sous un autre jour et de parfaire ce projet.

Un merci tout spécial pour l'aide inconditionnelle de Hedi Habra, du département des langues à Western Michigan University, et de la généreuse assistance de Nicole Pettit et de Martin Antonetti, bibliothécaires avertis et passionnés.

Enfin, mais non des moindres, je voudrais remercier mon mari, qui m'a encouragé moralement et intellectuellement. Il a passé de nombreux moments dans l'élaboration des détails de ce livre. Merci également à tous mes amis, à ma mère pour un grand soutien affectif, moral et intellectuel et bien sûr ma fille, toujours bien patiente, malgré son jeune âge.

Table Des Matières

Liste des Illustrations

Introduction

Les manifestations culturelles de la Renaissance sont inséparables du terrain concret et limité sur lesquelles elles s'affirment: progrès de la technologie, bouleversements économiques, changements sociaux et politiques qui s'enchaînent soit par relation de causalité soit par mise en résonance des phénomènes. L'effort considéré comme "renaissant" pour favoriser l'idée de nature, à travers un objectivisme optimiste qui met en avant le principe d'harmonie, et la notion de liberté (avec une acceptation de la pluralité, de la relativité, et des tentatives syncrétiques qui nous paraissent parfois bien téméraires) sont la dimension intellectuelle d'une évolution qui s'exprime économiquement par l'expansion, la conquête de nouvelles richesses, et une accélération des mécanismes d'échange fondée sur le travail du capital en fonction du profit.[1]

Le 16e siècle est avant tout une période de changement et de bouleversement qui pose de nouvelles données scientifiques et intellectuelles telles l'apport de la boussole, de la caravelle, du miroir, et de la perspective, en même temps que la découverte de nouveaux territoires. L'invention de l'imprimerie et sa vulgarisation apportent en outre une contribution importante au savoir livresque établi, tout en changeant les formes, la divulgation et la qualité de l'écriture. Cette période montre des interactions importantes entre la peinture, l'écriture et la lecture dont les éléments spatiaux et textuels produisent des formes multiples et disparates. C'est un siècle où le *visuel*, et même une notion tactile de l'écriture apparaissent certes, mais où les relations avec les formes graphiques deviennent plus complexes, voire mystérieuses: les formes ainsi obtenues sont en effet à la fois autonomes, complètes, et bien définies parfois sans lien apparent entre elles. *Gargantua* de Rabelais pose de façon très nette la particularité que nous venons de mentionner: celle d'un livre écrit en 1533–1534 en étroite relation avec les virtualités de la découverte de l'imprimerie. L'impact de cette dernière dans le fonctionnement du livre a influencé Rabelais: l'importance de la lettre et des graphèmes[2] mérite donc une attention particulière grâce à une analyse des relations complexes qui existent entre le texte et son expression graphique et sonore.

En effet, si de nombreux écrits ont jalonné durant les siècles la critique et les modes de lectures rabelaisiens, bon nombre d'entre eux se sont attachés principalement à l'influence politique, ou théologique que Rabelais a pu exercer à la Renaissance. En 1910, par exemple Plattard étudie de près dans les *Etudes Rabelaisiennes,* les textes de l'Ecriture Sainte utilisés par Rabelais. Plus tard, en 1942, Lucien Febvre soulève le problème de l'athéisme de Rabelais à travers *Gargantua, Pantagruel* et le *Tiers Livre.* Il observe que:

> Contre Rabelais un procès est ouvert. Un procès d'athéisme et d'antichristianisme. Les faits remonteraient à 1532 et à l'apparition du *Pantagruel.* Des témoins sont cités, de multiples témoignages enregistrés. Modestes, nous nous contenterions d'un seul texte – mais décisif. En est-il un?[3]

De nombreuses approches historiques ont été effectuées avec ténacité sous la plume de Michael Screech. Ses ouvrages ont montré l'importance des événements que Rabelais ancre parallèlement dans son texte comme sa dénonciation de la réforme, et des problèmes historiques du moment, ou les conflits que l'édition de ses ouvrages engendrent. D'autres écrivains, plus "modernes" malgré leur date ancienne, comme Michael Bakhtine se sont intéressés à l'importance du carnaval et des mots et expressions de tous les jours qui révèlent la fin d'un monde. Ce dernier insiste sur le fait que:

> Le seul moyen de déchiffrer ces énigmes, c'est de se livrer à une étude approfondie de *ses sources populaires.* Si Rabelais nous apparaît comme un solitaire qui ne ressemble à nul autre parmi les grands noms de la littérature des quatre derniers siècles, au contraire, sur la toile de fond du trésor populaire convenablement mis à jour, ce sont quatre siècles d'évolution littéraire qui risquent plutôt de nous paraître spécifiques, privés de ressemblance avec quoi que ce soit, tandis que les *images de Rabelais seront à nos yeux tout à fait à leur place dans l'évolution millénaire accomplie par la culture populaire.*[4]

Ces dernières années, Rabelais a suscité un regain d'intérêt avec de nouvelles études, soit sémiotiques, comme l'étude que Jean Paris effectue dans *Rabelais au futur,*[5] soit analytiques avec un retour aux sources: le *Rabelais's Carnival*[6] de Samuel Kinser porte sur l'étude du *Quart Livre.* L'auteur articule son travail autour de trois principes directeurs: le *texte,* entendons par là l'ensemble des mots à étudier, leur combinaisons et associations, le *contexte,* qui spécifie les conditions de réception de l'œuvre, travaille sur l'étude des marges, des bords, et des notes articulant la page, et le *métatexte,* qui porte sur les conditions d'assimilation et de l'influence du texte. Ces trois éléments permettent de combiner simultanément une approche littéraire et historique dans l'étude du *Quart Livre*.

Malheureusement, la popularité de Rabelais n'a pas toujours reflété la qualité de *Gargantua*. La résistance de ce texte due à sa complexité reste à découvrir. Une très récente analyse de François Bon a montré les difficultés de *Pantagruel* et a essayé d'occulter les différentes "couches" du livre.

> La fascination propre qu'on peut éprouver, lisant le *Pantagruel*, tient à ce qu'il est l'escalier géant de cette découverte de la langue: Rabelais nous en ramène non pas un ensemble construit de désignations, mais le travail mental qu'elles induisent, où se sauve et survit cette morsure du rêve intérieur.[7]

Mais, ce travail de recherche sur les différents niveaux de *Gargantua*, les à coups, les mouvements du texte n'a pas encore été effectué. De grandes études sur *Gargantua*, le *Tiers Livre*, *Pantagruel* ou le *Quart Livre* ont construit une œuvre gigantesque et phénoménale basée sur tous les problèmes historiques, politiques, économiques, socio-historiques. Cependant elles n'ont pas mentionné l'impact de la lettre: la lettre implique une redéfinition d'idéaux: elle agit comme un principe unificateur qui confère au corpus textuel son identité. Aucune étude à notre connaissance n'a porté un intérêt particulier à l'architecture textuelle, à la force du comique de l'interaction entre la typographie et la tradition du rébus. Je me propose donc d'essayer d'engager un processus de "délecture" des chapitres de *Gargantua*. Puis une relecture de l'œuvre nous amènera à percevoir les grands points tactiques du texte.

Cette délecture fera appel à la notion d'arrêt sur les mots, aux possibilités graphiques et sonores des lettres qui détournent le texte. Comme l'articulera le chapitre 1, nous devrons entamer une délecture, selon un code visuel, auditif, "une folie de vision" dont parlait De Certeau. La densité de la page montrera un fouillis révélateur de noms et de jeux intertextuels sur les mots. L'intention de l'auteur est certes de mystifier le lecteur, mais elle nous intéressera dans la mesure où elle est rivée à une problématique du langage, "autrement dit dans la mesure où les signes linguistiques seront expressément choisis pour brouiller le sens des choses signifiées."[8]

L'art de Rabelais n'est pas uniquement celui de faire des bons mots. Les jeux qu'il égrène tout au long du texte révèleront au contraire un auteur conscient de ces choix. L'ambiguïté rabelaisienne tisse des liens entre écriture et lecture, offre tout un ensemble de réseaux complexes qu'il faudra relire à tout instant: elle sera également interrogée sur le sens du programme pédagogique de la guerre picrocholine, ou de la fondation de l'abbaye de Thélème à partir d'une analyse de style des épisodes. Nous verrons alors que même dans les passages les plus sérieux, l'écrivain continue à interroger tout en faisant semblant de répondre. Nous montrerons que tout sujet devient chez lui signe de duplicité, de confrontation entre le lecteur, les thèmes et les réponses proposées. La problématique débouchera alors sur une poétique, sur la création et une interrogation sur l'espace fini des signes.

> Pour la première fois, en effet, le topiqueur peut se laisser entraîner par la spirale des mots et se libérer des contraintes de "l'histoire." Sous la poussée du lyrisme, le *jongleur* se fera *vates*: il franchira en un instant le seuil des catégories sémantiques en empruntant un parcours rayonnant où les mots et les choses ont même sympathie.[9]

En outre, la question de "l'inconscient du texte"[10] mérite d'être posée dans cette étude: l'inconscient du texte joue à fond sur la signification de l'œuvre ainsi que sur son pouvoir de séduction. Une exploration de "l'autre texte" conduit à une herméneutique de brisures, d'écarts, de distorsions de fragmentations et de dessins anamorphiques qui envahissent le texte. La dichotomie entre "texte manifeste" et "texte latent" jalonnera tout le parcours des chapitres.[11] Les problèmes concernant la subjectivité du texte, son pouvoir, son contrôle et le désir qui y est inscrit seront par conséquent analysés. "L'inconscient du texte" est un instrument de travail dont j'espère pouvoir démontrer, à travers cette étude, l'importance, les possibilités, mais aussi la complexité notamment sur l'impact et l'importance que la lettre imprimée traduit: elle est un élément crucial des dimensions picturales et lexicales au 16e siècle, et une pratique de base généralement utilisée comme montage verbal.

Les caractéristiques de l'emblème chez Rabelais sont également importantes. Par le biais de l'étude de la lettre, des rébus et de l'agencement du mot au cœur de la phrase, nous retracerons les rythmes tant visuels que sonores dans *Gargantua*. Ces emblèmes portent la trace de la fin du Moyen-Age, et ouvrent aussi de nouvelles perspectives et horizons de détournement de l'écriture. Notre attention se portera sur la déconstruction des montages et des collages que de tels emblèmes proposent dans un texte surdéterminé. Nous examinerons leurs étirements à travers le texte et verrons en quoi leur symboles hiéroglyphiques et allégoriques jouent sur l'imaginaire du lecteur.

Enfin l'étude des mouvements du corps, de leur parcellisation, et de leur récurrence à travers tout le texte montrera la possibilité d'une redécouverte du corps. L'image du corps change en effet de façon radicale: nous passons *De Per visibilia ad invisibilia*; l'équilibre du corps et sa visualisation par des images, sculptures ou icônes affectera la tradition catholique et la tradition protestante. L'impact de la Réforme et l'influence qu'elle a eue sur Rabelais est vital pour la compréhension du livre. Nous signalerons également que cette dissémination et parcellisation du corps répond aux critères de visualisation du corps au Moyen-Age, celle où bas et haut s'inversent, où les relations du corps et de l'univers forment une symbiose. Rabelais inscrit à l'intérieur de son livre les influences de son temps, collecte et propose un éventail de propositions sur le corps.[12]

> Entre le discours idéologique et le discours technique, il est clair que la Renaissance a renouvelé la conscience du corps, les moyens de l'observer et de le modifier... Mais quel corps à corps inégal avec toutes les questions qui pouvaient légitimement se dresser devant nous: voici qu'on attaque la tête, et c'est le foie qu'on protégeait. On protégeait la tête, et c'est au foie qu'on porte un coup. Que la Renaissance était heureuse d'avoir moins de scrupules que nous, de cumuler force et adresse, laideur et beauté, et d'aimer et haïr si franchement le corps![13]

Chapitre 1

Les Perspectives

Parler de Rabelais sans situer le texte dans un contexte historique, politique, littéraire et philosophique du moment serait renoncer à ce que l'œuvre de Rabelais nous incite à ne pas oublier: les autres facettes de son œuvre.

Comme le souligne Michel Foucault, l'univers de Rabelais se situe au cœur d'une configuration de problèmes qui font surface au 16e siècle:

> Au 16e siècle, le langage réel n'est pas un ensemble de signes indépendants, uniforme et lisse où les choses viendraient se refléter comme dans un miroir pour y énoncer une à une leur vérité singulière. Il est plutôt chose opaque, mystérieuse, refermée sur elle-même, masse fragmentée et de point en point énigmatique, qui se mêle ici ou là aux figures du monde, et s'enchevêtre à elles: tant et si bien que, toutes ensembles, elles forment un réseau de marques que chacune peut jouer, et jouer en effet, par rapport à toutes les autres, le rôle de contenu ou de signe, de secret ou d'indication.[14]

Les Problèmes de Typographie: Influence de Geoffroy Tory

Deux problèmes doivent être mentionnés à ce stade: Tout d'abord celui de la typographie qui agit en véritable ténor pour les études du 16e siècle et diffusé en France et en Europe. Comme le souligne Elisabeth Eiseinstein, l'emploi de l'imprimerie est lié au mouvement humaniste:

> In the early sixteenth century, praise for Gutenberg's inventive genius came from Germans trying to counter prior claims to cultural supremacy made by Italians. Insofar as these prior claims have been reasserted by Renaisssance scholars, they are more likely to stress the advent of early humanism than the later establishment of the new press. Furthermore the output of early presses drew on a backlog of scribal work: the first century of printing produced a bookish culture that was not very different from that produced by scribes. ...To see how a process of cultural transmission was

transformed by the shift, one must take a more wide-angled, long range view than is common among specialists in the Renaissance.[15]

Nous tiendrons compte de ces remarques, tout en montrant que cette découverte, dans la lancée du mouvement humaniste, influence Rabelais: l'auteur s'en servira pour faire "bouger" les noms et les idiomes dans des jeux de combinaisons, d'analogies. La lettre joue toujours en 1533 un rôle fonctionnel: elle agit comme principe de base et de forme susceptible de "se déplacer" en un idiome et en un autre. Le plaisir que des formes figurées suggère se focalise sur la disposition de l'espace dans la littérature moderne en général. Ces éléments de typographie représentent un élément considérable de délecture dans cette étude. Une recherche sur les premières éditions de *Gargantua* m'a permis d'établir des relations entre les différentes éditions et "voir" différentes possibilités de jeux de mots graphiques et sonores que l'agencement de certaines lettres, de certains paragraphes pouvait susciter. Le deuxième point important de l'analyse porte sur l'influence que Geoffroy Tory a transcrite en analysant le rôle des lettres, leur signification, et leur pouvoir. L'auteur dit:

> Nicofhrate disoit que le vray signe de Folie estoit dire legerement incontinent beaucoup de choses. Et qu'il estoit necessaire accommoder la parolle a la nature de l'oreille de l'auditeur. Deux oreilles/et une langue, afin que oyons deux fois/ et beaucoup plus que nous parlions.[16]

Tory associe et met en valeur dans son étude aussi bien l'importance du son que celle de sa transcription. Il montre dans son *Champ Fleury*, et à l'instar de ses prédécesseurs, Martianus Capella et Isidore de Séville, que le caractère romain est une base importante et universelle entre le son et la forme, comme les traits hiéroglyphiques ont pu le faire. A partir de son traité sur la forme des lettres, Tory[17] dresse une analogie entre le corps humain et le cosmos. Le sous-titre du livre rappelle d'ailleurs cette analogie entre le visuel et l'écrit "Auquel est contenu Lart & Science de la deue & vraye Proportion des Lettres Attiques, quon dit autrement Lettres Antiques, & vulgairement Lettres Romaines proportionnees selon le Corps & Visage humain."

Tory est un élève d'Euclide: il utilise le compas pour la formation de ses lettres. A l'aide de cercles et de points, il délimite le corps de la lettre de façon scientifique, sans oublier néanmoins la perspective italienne.

> Les Anciens qui voulaient desmontrer la perfection extraordinaire de leurs lettres, les ont crées et formées selon les proportions justes des trois figures de géométrie les plus parfaictes: le cercle, le carré et le triangle.... Et pource que le nombre imper a été toujours entre les Anciens réputé heureux, et l'on en eu fi grande reference qu'il a eté mis jusques aux cérémonies et sacrifices, comme nous voyons encore qu'en noz eglises à la glorieuse Trinité.[18]

Cette utilisation scientifique du compas, de l'équerre et de la lettre, projette des relations différentes dans la structure et l'architecture des lettres: selon Tory, les lettres possèdent des vertus et des qualités allégoriques: la lettre I par exemple est à la fois la lettre de la flûte de Virgile sur laquelle chaque "trou" symbolise les arts libéraux et les muses. Si cet instrument de musique est tourné de côté, alors la figuration de la bouche devient proéminente jouant alors par combinaison le I et le O. Ces lettres reprennent alors la célèbre combinaison d'Ovide sur le mythe d'IO, mythe de la vache sacrée, dont la mémoire et les aspects orthogonaux et curvilignes peuvent être cernés et compris comme à l'origine de l'écriture. Ainsi les lettres peuvent être tournées et détournées. L'auteur implique qu'une forme dénotative ou transmissible fait face à un espace délimité et figural. L'écriture de *Champ Fleury* reproduit alors le microcosme du monde et s'intéresse à toutes les manipulations et fonctionnements possibles de la lettre. Rabelais influencé par ce traité scientifique et élaboré reprendra dans certains passages le découpage de ces lettres pour en parodier les effet mêmes, laisser un "vide." Au détour de chaque phrase, de chaque mot, Rabelais scandera certaines parodies, certains délires et désirs que peut formuler la lettre. Nous examinerons donc l'importance de la lettre dans *Champ Fleury* et son impact dans la composition architecturale de *Gargantua*: elle mérite une attention particulière dans la perspective de déconstruction et de plasticité de l'écriture. Les torsions visuelles que donne le texte serviront également de point de départ essentiel à la comparaison des influences de la spatialité de l'écriture héritée du *Quattrocento*: nous écouterons alors le texte, et nous suivrons la pente de ses désirs et de ses résistances.

L'imaginaire: Fragmentation des Désirs

Le rôle de la fragmentation et du jeu de miroir demeure important tout au long du 16e siècle. Qui dit miroir et fragmentation accorde une place importante au jeu du visuel et de l'imaginaire. Par imaginaire, nous reprenons dans ce texte la définition de Lacan.[19]

Le terme, dès son abord reste indissociable de la notion de réalité, qui diffère selon chacun. Claude Dubois rappelle dans *L'Imaginaire et la Renaissance*[20] que deux sortes d'imaginaire coexistent à la Renaissance. Dans l'imaginaire spéculaire (dans le cas des icônes, ou des emblèmes par exemple) l'objet est identifié par une image et représente le réel par le biais de cette image: cette théorie aboutit à un leurre puisque par définition l'imaginaire n'est pas le réel, mais "celle d'un sujet qui se projette de façon narcissique," ou d'un modèle, d'un "idéal du moi" qui "s'objectivise" à travers des images substitutives."[21] Dans l'imaginaire symbolique, cet auteur souligne que les relations entre imaginaire et réel s'établissent sur la base d'une absence, d'un manque, qui puisent leurs sources dans l'absence de la mère. L'intrusion de référents imaginaires fait apparaître un jeu, crée des fictions, qui compensent ce manque. Cet imaginaire symbolique peut être alors même parfois très proche de l'imaginaire spéculaire, puisqu'il élabore des fictions, et des images. Ces deux formes d'imaginaire se côtoient et s'entremêlent constamment au 16e siècle: elles montrent une activité primordiale, des interactions complexes au sein des éléments spatiaux et textuels du texte.

De ces deux notions, je voudrais retenir en particulier dans cette étude l'importance des relations que l'imaginaire spéculaire et l'imaginaire symbolique entretiennent avec l'optique, les arts visuels et la reproduction en général. Comme le souligne Elisabeth Eiseinstein,[22] s'il est difficile de donner une mesure exacte de l'impact produit par l'apparition de l'imprimerie, et en particulier de l'impact psychologique, il est concevable que cette technique ait petit à petit changé la conception et de l'écriture, et de la lecture, et pourquoi pas..., de l'imaginaire. Ce phénomène joue sur l'imaginaire spéculaire, sur l'image qui était déjà utilisée comme support dans l'éducation, et qui s'amplifiera alors petit à petit, mais aussi sur l'imaginaire symbolique, car il permet de faire des associations, des médiations entre ce qui est lu et vu, ainsi que des transferts constants entre le graphisme de la lettre, son espace, et l'ensemble du texte:

> L'imaginaire se manifeste aussi bien dans la créativité dégagée des contraintes réalistes que dans les essais réalistes pour appréhender un impossible objet: on pourra étudier ses manifestations par l'infusion de fantasmes à l'intérieur de discours qui cultivent la fonction référentielle et révèlent en fait non des objets, mais les structures imaginaires d'un sujet culturel: on peut saisir son fonctionnement dans les émergences intempestives et

époustouflantes d'un prétendu discours en liberté, qui semble avoir rompu les amarres...[23]

La Lettre: Relation avec l'Espace d'Ecriture et la Typographie

Or cet imaginaire se base, dans le cas qui nous intéresse, sur la relation qu'il va entretenir avec la typographie et les espaces d'écriture ainsi conçus.

Dans le champ de l'inconscient, la lettre reste un élément crucial, tant au point de vue de la lexicographie, que celle de l'image. Elle est un moyen, une façon d'accéder non seulement au savoir, mais elle constitue aussi une source d'interférence entre l'oral et l'écrit. Dans ce domaine, les clercs du 13e siècle ont donné à la forme de la lettre une place de choix, souvent embellie, qui va changer de style avec l'imprimerie. A la lente description et au dur labeur qu'exerçaient les clercs dotés du pouvoir de transmettre, par la copie, un savoir, la typographie et l'impression mécanique substituent de nouvelles formes d'écriture. L'imprimerie change ainsi petit à petit l'imagination des lettres, et travaille leur montage de façon différente. Elle institue une différence très nette entre voix et graphisme, et reproduit le son de la voix. Si en première approche, les lettres parcourues rapidement donnent souvent une impression de mouvement, un examen visuel plus approfondi fait apparaître souvent des formes qui frappent la rétine: des impressions, des contours peuvent alors se combiner, faire travailler l'œil et la mémoire visuelle.

Les lettres font appel à des notions et des conventions qui deviennent l'expression de désirs, ceux de voir et d'entrevoir d'autres sujets, d'autres formes. Elles acquièrent leur propre syntaxe qui peut être fort différente des contextes de logique ou grammaticaux. Le désir de voir d'autres combinaisons, d'autres effets, d'autres fonctions devient, dans la forme écrite, un phénomène constant, et gagne dans ce moyen de reproduction, une plus grande divulgation. A ce désir s'associe le plaisir de voir changer les formes et de pouvoir en jouer constamment. A ce propos, le 16e siècle reste encore très proche du discours oral, et la retranscription des lettres ne connaît pas encore une structure orthographique rigide. Les lettres trouvent donc des résonances singulières suivant les auteurs: Rabelais jouera notamment de ces multiples échos du son de la voix lorsqu'il transcrira les récits de *Pantagruel* et de *Gargantua*. Le jeu de ces lettres en perpétuelle potentialité de rotation, de changement, d'interversion, permet de redécouvrir toutes les possibilités d'organisation d'un discours non linéaire, et de lui donner un "corps" mobile ou pourrait-on dire une matérialité, c'est-à-dire une manifestation, sous toutes les formes repérables de "langues." Matérialité graphique, et matérialité phonique se conjuguent ainsi dans les textes. Par matérialité phonique, il faut entendre la possibilité de transmettre le discours entendu selon un registre linéaire, et par matérialité graphique, l'ensemble des formes écrites sur la page blanche. En fait, le double jeu de la phonie, de la graphie et de leur mutuelle interférence constitue un principe important dans l'élaboration des textes. Le principe d'analogie qui peut être formulé à partir de la lettre et de son graphisme donne une puissance à la lettre qui génère et sur-génère de nombreuses variations de figures, de silhouettes et de significations ainsi que nous l'étudierons plus en détail dans les chapitres deux et trois de cette étude. Toute phrase devient alors polysémique et toute science a des "accords" avec d'autres matières: l'alchimie, ou science de la matière, devient une science des connaissances spirituelles et produira un ensemble de discours et de démonstrations sur la pierre philosophale. L'analogie s'insinue partout et peut caractériser d'autres analyses.

Si l'on prend par exemple la rose de Ronsard, il s'agit non seulement d'associer la rose à la beauté, à l'élue de son cœur, mais de représenter aussi à l'intérieur des poèmes, toutes les combinaisons graphiques et sonores de la rose, d'associer vertu et fragilité du temps qui passe, de multiplier les évocations de la fleur pour rendre plus intense ses fonctions et faire rejaillir la dynamique du texte. La dialectique qui s'établit alors entre forme et contenu multiplie ce processus, montre un monde en expansion, un monde de découverte, et un monde qui se veut donner une unité "lumineuse et exaltée."[24] Cette fascination pour l'unicité s'élabore selon des règles, et des modes stricts. Les artistes et les écrivains tentent ainsi de reproduire l'univers divin, et rivalisent parfois avec lui.[25]

En même temps se produit un phénomène d'opacité d'autant plus obscur pour un lecteur du 20e siècle que nous avons perdu certaines clés de déchiffrement, et que l'interprétation des surmultiplications de significations laisse le lecteur pantois, perdu. Les historiens ont montré que, par la suite au 17e siècle, l'avènement de l'absolutisme et l'accroissement de la centralisation ont affecté la lettre au point de lui faire perdre sa teneur visuelle et graphique.

Mais au 16e siècle, les écrits témoignent d'une richesse artistique et d'une multiplication des formes à l'intérieur de la lettre. La lettre sert en quelque sorte de relais: elle participe à l'enregistrement de sons par l'intermédiaire de prêtres et d'érudits. Avec l'invention de l'imprimerie, elle organise la non-interruption et la transmission d'un matériel, d'un interlocuteur ou d'un groupe, auprès des lecteurs qui déchiffreront la page par la médiation de l'impression. Elle devient une modalité d'expression qui acquiert une force d'abstraction pour le lecteur, devient un support de "transparence" au sens que lui donnait Foucault dans *Les mots et les choses* ou Sartre dans *Qu'est-ce que la littérature*,[26] entendons par là, la possibilité de comprendre d'un seul coup d'œil la continuité du passage et sa signification. Le relais entre un savoir dans le microcosme humain et le monde fonctionne alors au maximum. Les humanistes à la Renaissance ne cessent d'encourager la lecture des passages imprimés afin de mieux comprendre le monde, et de l'articuler. Cette "transparence" élabore un univers qui pourrait être immédiatement compris.

La lettre joue également le rôle que D.B Winnicott nomme "objet de transition" puisque son action se situe entre l'expérience du langage et la Renaissance. Elle "accroche" en quelque sorte des éléments du discours oral et du discours écrit et passe sans arrêt de l'un à l'autre.

Il est aussi possible de dire que la lettre imprime à cette époque une marque importante, dont la force peut aller très loin, jusqu'à imprimer l'homme dans sa chair:

> Once separated from its practical role of sending information, the percussive agency of the letter can also acquire a didactic and sadistic cast. In the thirty years after the heyday of Humanism, during the Wars of Religion, inscription reflects practices associated with Kafkaesque techniques of torture: alphabetical marks are branded upon the body to imprint moral meanings encoded in their shape. The letter stamps its virtue on the flesh of the victim, striking home its meaning at the same time percussion and violence draw out or neutralize the evil that is said to be within the victim's body. The tortured subject learns a spiritual value through the persisting figure branded on his or her body. In this dialectical system of exorcism, the physical impact of the letter is used for ideological purposes by any group that assigns a given meaning to a printed sign and uses it emblematically in its system of propaganda.[27]

La Lettre CommeTroisième Espace de Métaphore de Rabelais

Quoique le mariage soit évident plus tard dans le développement du siècle, surtout dans les guerres de religion (1562–1598), son effet est donc sous-entendu dans le discours de l'humanisme. En fait, sous un désordre apparent, le monde du texte de Rabelais s'organise en général sous deux formes de métaphores, retranscrites dans les livres: tout d'abord un monde qui est à l'image de l'homme, où l'homme poursuit des ambitions créatrices, un univers-corps, à l'image de Dieu; ensuite un univers qui fonctionne comme instrument de signification, où l'univers est un messager que l'homme peut comprendre. L'hésitation entre ces deux métaphores domine "l'imaginaire de la Renaissance."

> Pour y échapper, il a fallu construire un troisième groupe de métaphores; celles de l'univers-objet, de l'univers machine, de l'univers horloge, dont le champ va déterminer la naissance d'une pensée "scientifique" qui est en fait une troisième voie de l'imaginaire développée avec la langue d'artisans qui parlent technique, et de marchands qui parlent chiffres et opérations.[28]

Gargantua juxtapose ces deux sortes de métaphore, tout en montrant l'espace de cette troisième voie; elle insiste sur le phénomène de l'écriture de la lettre chez Rabelais, qui touche à deux facettes de l'écriture traditionnelle: la *mimesis* et l'*imitatio*, notions très ancrées dans la formation de tout écrivain. Rabelais se sert du procédé de l'*imitatio*, système très utilisé, se basant à la fois sur la consultation des textes anciens et la réécriture, à partir des textes anciens. Cette méthode se fonde sur l'étude d'un modèle, de ce qu'on appelle un *exemplum*, auquel les auteurs se réfèrent sans cesse, à l'aide de citations, de notes, et d'interventions. Le texte se nourrit en quelque sorte sur le texte et crée sa propre variété, qui, a son tour, fera autorité, et devra être cité. Or, le discours devient endogène: il intéressera le lecteur par l'effet de ses combinaisons en elles-mêmes, de ses virtuosités combinatoires, de ses références intertextuelles et auto textuelles, mais se limitera exclusivement à ce jeu. Les textes de la fin du Moyen-Age commencent à ressentir cette limitation, cet essoufflement et cherchent alors à se dégager de cette emprise.

De plus, si l'écrivain ou l'artiste reproduit un modèle, se pose également le problème de le déformer. Le mimétisme peut devenir singerie, mais cette singerie elle-même apporte alors quelque chose de plus. Dans l'*imitatio*, l'artiste insiste à tout moment sur le fait qu'il n'est qu'un disciple: il fait apparaître à travers les jeux du texte et de ces circonvolutions tout le potentiel d'un vide de l'objet; l'objet se défait de ce qui imposait une source de satisfaction pour le regard ou la lecture. Mais en même temps, à contrario, à force de vouloir montrer ce vide et de vouloir montrer cet effacement de l'écrivain, ce dernier prend paradoxalement vie et autonomie:

> Tout maniérisme s'impose par la frustration. C'est qu'on retrouve une fois de plus un problème d'identité: la vraie vie est absente, nous ne sommes point nôtres. L'œuvre mettra en scène ce manque et cherchera à provoquer le même effet de vacuité chez celui au regard duquel elle est exposée. Pour imposer ce vide, le maniériste accentue les effets, renchérit sur le modèle: mais agissant ainsi, il ne les comble pas, il l'impose, il le rend visible. Au fermes assises du classicisme du quattrocento, il oppose les jeux d'un paraître qui est à la fois manière de parer au manque d'être, et manière de faire parade de ce manque.[29]

Une dialectique semble alors s'instaurer: si le sujet dit qu'il n'est rien, qu'il ne peut rien, le fait d'exhiber son impuissance contribue en fait à l'affirmer. La richesse de déploiement de ces formes, et leur prolifération accréditera l'auteur, comme le fera sa richesse d'écriture. Tout se passe comme si le désir d'écrire et son impuissance à le satisfaire multipliait les voies de production. Le clivage qui s'effectue entre le sujet et son livre fait apparaître l'ambiguïté du sujet en même temps que sa force:

> La plupart des maniéristes en restent à ce stade douloureux de la dialectique, dans lequel la thèse et l'antithèse se heurtent dans une conflictualité indéfiniment répétée. Lorsque la contradiction est assumée, on sort alors du maniérisme, qui apparaît comme une étape dans un cheminement d'appropriation de soi: on sort de l'individualisme pour s'intégrer dans une collectivité sociale et religieuse (c'est le baroque et le classicisme qui s'épanouissent au siècle suivant dans la glorification des symboles de la puissance – la Foi, la Loi, le Roi), ou bien la quête de soi fait émerger les principes d'une méthode de mise en valeur du sujet – c'est le cas des *Essais*, dans le prolongement logique duquel il faut placer la méthode cartésienne et l'idéologie rationalisante des "libertins."[30]

Imitatio contre mimesis

L'*imitatio* n'est pas le seul traitement possible dont les auteurs se serviront. On lui a souvent opposé le traitement de la *mimésis*. Loin d'être une opposition, ce procédé apporte au texte du 16e siècle une complémentarité au texte et joue en étroite symbiose avec lui.

> Lire les anciens ce n'est donc pas se confiner dans la clôture d'une bibliothèque, c'est se préparer mieux à saisir le présent. L'imitation n'est plus alors une fin en soi, elle devient le moyen et la justification de la *mimesis*. La reconnaissance du passé n'est plus seulement une affaire d'écriture, en circuit fermé: elle fonde une idéologie qui est celle de l'ouverture au monde.[31]

La *mimesis* recourt à des stratégies propres à la feinte, les utilise de différentes manières, les mêle et les noue de façon à créer un monde proche du "réel" tout en ne le reproduisant pas. Elle fabrique des effets qui provoquent l'adhésion du lecteur, ou son consensus, poussé à poursuivre sa lecture: il reconnaîtra un univers teint d'expérience et d'éléments qui seront crédibles. Ces deux facettes de l'écriture semblent alors entrer dans deux zones incompatibles. D'un côté, l'art devient un reflet des choses, de l'autre, il est un produit autonome et mécanique. Le 16e siècle exploite ces deux virtualités. Sans vouloir faire la synthèse de ces deux procédés, qui constituerait alors une systématisation radicale pour un phénomène non résolu, il est possible de voir le croisement de ces deux axes, qui s'interconnectent, se jouxtent et s'annulent également. Dans le texte de *Gargantua*, comme nous allons le voir, le récit semble s'échapper à tout moment. Par exemple au chapitre 5, une série de mises en abîmes, une retranscription de la parole sont représentées: le mot donnerait alors à la lecture la qualité d'une expérience sensorielle, et visuelle à la fois. Ces figures semblent paradoxales, mais ce paradoxe, Rabelais en est fier et, comme tous les érudits de la Renaissance, il se plaît à en user dans un jeu à double entente. Les vérités équivoques qui en découlent peuvent alors être perçues comme une espèce de continuité et d'échange avec le monde. Rabelais veut, en utilisant ces deux procédés, montrer leurs limites et tirer parti au maximum de leurs effets, tout en essayant de combler leur écart, leur vide. Sont alors mis côte à côte deux lectures incompatibles et pourtant présentes dans le texte, qui obligent à une participation constante du lecteur. L'acte de réécriture de la préface de *Gargantua*, par exemple, joue sur un modèle déjà présent dans

Pantagruel; le passage imite les textes anciens avec des citations de Platon, des références à Homère et à Ulysse, mais dévie de ces projets en "se promenant" en quelque sorte à travers tous ces détails, revendiquant alors un privilège de spontanéité: "Beuveurs très illustres, Vérolez tres précieux (car à vous non à aultres, sont dédiez mes escriptz)."

En ce sens, dans un grand brassage d'éléments, la fonction d'auteur paraît se perdre petit à petit dans le tumulte. Tous les moments du texte, après délecture et relecture attentive font l'objet d'une espèce de "gestation," car ils bougent et font basculer le récit à tout moment sur d'autres fragments, qui se contaminent eux-mêmes tels des parasites les uns les autres. Et chaque fois une autre alternative surgit: le sens du récit marque-t-il un arrêt, ou la régression apporte-t-elle un autre élément? Rabelais joue à travers tout son livre sur cette ambiguïté. L'écart qu'il creuse entre la trame du récit, le "fil rouge" de la lecture, et les citations, ou l'érudition dont il fait preuve, tournent et débouchent sur un silence, une perte. Cette perte est à la fois celle d'un passé, mais elle ouvre aussi une voie de passage vers un renouveau. Cet écart creusé à chaque tournant de phrase, de paragraphe, évoque de par la multiplicité et la complexité de la structure du texte, comme nous l'indiquons aux chapitres deux et trois, un silence: à force de vouloir transcrire toutes les voix, s'établit paradoxalement une espèce de mutisme. Ce silence s'érotise d'ailleurs au fur et à mesure du discours.

Michel de Certeau insiste dans *La Fable mystique*[32] sur l'éros et l'imaginaire qui découlent d'une perte, celle du corps du Christ. La lente démythification due à l'absence de cette figure produit une littérature où cette perte s'inscrit de texte en texte, ou d'image en image. On assiste en quelque sorte à une narration déformée et amplifiée par l'imagination populaire, une glorification de ce corps du Christ où la parole divine se substitue petit à petit au corps aimé. Ce corps échappe pourtant à tous les essais de stabilisation, tant par la représentation de toutes les parties morcelées, que par la crainte de cette figuration: à la même époque de nombreuses statues d'idoles sont brûlées. Le corps se marque de chiffres et de signes cabalistiques, qui acquièrent un pouvoir, et qu'il faut réapprendre à lire, et à voir. La représentation graphique de saints, et d'images religieuses présente une version du monde qui semble vouloir se maintenir dans une équation de "mystère." Il semble y avoir une continuité constante entre religion, historiographie et histoire qui sont prises en charge tour à tour par la société.

18

La mystique des XVI et XVIIè siècle prolifère autour d'une perte. Elle en est une figure historique. Elle rend lisible une absence qui multiplie les productions du désir. Au seuil de la modernité, se marquent ainsi une fin et un commencement – un départ. Cette littérature offre des routes à qui "demande une indication pour se perdre" et cherche "comment ne pas revenir."[33]

Cette représentation d'une perte peut être appréhendée de texte en texte comme point de fuite vers l'inconnu:

L'invisible se situe tout d'abord par rapport à l'objet, à la surface et à l'épaisseur qu'il donne à voir (et selon une structuration dont Meltzer a étudié la pathologie). Ce qui constitue un obstacle est l'arrière de l'objet, dans la mesure où il reste inaccessible pour une autre vision espérée. [34]

Les Points de Fuite: Définitions et Exemples

Ce point de fuite est un thème récurrent chez tous les écrivains, et les peintres. De Certeau rappelle que dans le dessin de Jérôme Bosch, "le jardin des délices," la géométrie bien tempérée des formes est accentuée dans la construction du tableau par des angles, qu'il nomme "angle d'arrêt," menant eux-mêmes vers d'autres angles ou d'autres points, qui à leur tour, abîme dans l'abîme aboutissement sur un autre point, etc. Au sein d'un cadre rigide et bien déterminé, Bosch découpe des unités internes qui se transforment peu à peu dans d'autres découpages. "Les choses y sont passantes, elles s'écoulent, elles muent."[35]

De même, la construction de *Gargantua* et notamment celle de la préface, inaugure dès le début une rupture avec l'écriture des vers traditionnels et place un point de fuite au centre du poème. Dès les premières paroles, Rabelais instaure un climat où il s'adresse *aux lecteurs* pour les avertir de son projet de pédagogie universelle.

Amis lecteurs, qui ce livre lisez,
Dépouillez-vous de toute affection,
Et, le lisant, ne vous en scandalisez:
Il ne contient mal ne infection.
Vray est qu'icy peu de perfection
Vous apprendrez, sinon en cas de rire;
Aultre argument ne peut mon cueur élire,
Voyant le dueil qui vous mine et consomme.
Mieux est de ris que de larmes escripre,

Pour ce que rire est le propre de l'homme. (37)

Par crainte d'être pourfendu par la censure, le prologue sera établi en 1535, après l'écriture du livre, placardé lui aussi avant le texte du prologue, en réponse à la célèbre *affaire des Placards*. Le poème en incipit de l'œuvre de Rabelais se conforme à la poésie traditionnelle des Grands Rhétoriqueurs;[36] des règles très précises, très articulées ordonnent et hiérarchisent le texte, en le travaillant sans cesse dans ses moindres replis. Ce sera bien sûr la communication orale d'un texte, suivie ensuite de notes et révisions, peut-être de dédicaces; mais ce sera aussi l'élaboration d'un travail d'imprimerie de manière artisanale, profilant ainsi un texte particulier, où des règles doivent être scrupuleusement mises en scène: dans le texte ci-dessus, se déroule un dizain, à rimes batelées et entrecroisées. La fixité du poème convie le lecteur à se demander s'il faut poursuivre la lecture soit du prologue, soit du livre. Rabelais use d'une méthode familière pour attirer l'attention: en faisant quelques rimes, il propose au lecteur de mémoriser l'encart. Ainsi l'époque célèbre encore divers mondes oraux, et malgré la divulgation de l'imprimerie par Gutenberg qui bouleverse les données, beaucoup de poésies restent encore apprises.

Cette petite pièce en incipit offre donc un modèle très ancré dans l'imaginaire que nous venons d'esquisser: il procède selon le mode des axes cardinaux du texte, c'est-à-dire d'un emplacement strictement délimité par le nombre de lettres imprimées aux alentours de la marge blanche, dûment réglementée. Si le poème intéresse par son érudition, son enchevêtrement, il rend compte aussi de sa trame créatrice et de ses points de fuites que nous allons discuter plus en détail dans les pages qui suivent.

Rabelais devient dans ce début de livre *rimeur* et "trompeur": la poésie est pratiquée selon ce que Jacques Le Grand prononce en 1410 dans *Le juste parler de la Raison* en tant que la science de "feindre." Entendons par là non seulement une dissimulation, mais aussi la possibilité d'une fiction.[37] Comme de coutume au 16e siècle, ces quelques vers laissent apparaître, dans leur cadre extrêmement rigide et fixé par tout un ensemble de lois, un réseau différent de relations. Ainsi:

Amis lecteurs, **qui** ce livre *lisez*,
Dépouillez-vous **de** toute a*ffection*,
Et, le lisant, **ne** vous en scanda*lisez*:
Il ne contient **mal** ne in*fection*.
Vray est qu'icy **peu** de per*fection*

Vous apprendrez, **sinon** en cas de *rire;*
Aultre argument **ne** peut mon cueur *élire,*
Voyant le dueil **qui** vous mine et con*somme.*
Mieux est de ris **que** de larmes es*cripre*
Pour ce que rire **est** le propre de *l'homme.* (37)

Le poème est présenté sous forme d'énigme. Il peut être décodé de la manière suivante; l'axe vertical et horizontal du poème offre un nœud – un centre – qui porte sur le mot *peu.* L'adverbe *peu* pourrait être également entendu comme une interjection, marquant le dédain, une apostrophe orale, ou le mépris "Peuh," ou l'aspect pécuniaire de la monnaie, ou le "peu" adverbe de quantité.[38] La grille ci-dessous ouvre sur d'autres découvertes. Elle utilise l'espace de façon originale, et permet de générer un tout autre sens.

Amis, ...qui ... lisez,
Dé ...peuz ...d' affection (de peu d'affection)
Et, ...ne ...lisez.
Il ...mal ...infection
Vray ...peu. perfection
Vous ...sinon ..rire
Aultre ...ne ... lire,
Voyant ...qui ... consomme.
Mieux ...que ...escripre
Pour ...est.. l'homme.

De même que le *peu* joue un rôle caractéristique, le *sinon* de par sa place, provoque une ambiguïté qui va et vient entre les mots. Verticalement, en caractère gras dans le texte, la césure de la ligne 6 offre un réseau d'adverbes et de pronoms qui créent une fission génératrice de rythme. Les méandres des lettres du pronom relatif *qui*, assurent au vers 8, un support vertébré au *lieu* du petit poème, dont quelques lettres se trouvent dans *deuil.* L'espace du poème trace et retrace différents lieux qui sont soumis à contorsion. Si le rébus ne comporte pas de figures, il n'en demeure pas moins caractéristique d'une époque, très férue de ce genre d'énigme. *Les Bigarrures* de Tabourot du livre I, chapitre 3[39] restent à cet égard un modèle du genre.[40] Rabelais témoigne de la continuation de cette même tradition, qui associe aux figures et aux lettres un sens caché. L'enjeu tient ici au remodelage du sens et des sens cachés, qui peuvent être nombreux, révélant grâce à une multitude de choix une opération dynamique, qui se propage dans tout le texte, de façon mathématique et visuelle, en accordant au nu du mot, au graphème, un sens différent.[41]

Le tout par Mathématique
Bien réduit selon l'optique.

Le cœur du poème ouvre donc sur un point de fuite qui sera constant à travers toute l'œuvre. Malgré l'entrecroisement des rimes, et la forme du dizain, Rabelais, cherche dès l'abord du texte à sommer le lecteur de le lire (le verbe revient 4 fois), de voir et de rire. Dès l'incipit, Rabelais instaure patiemment une déroute de l'écriture vers une lente et abondante consommation (*consomme* est dans le texte) d'une trajectoire qui devrait, grâce à l'incipit rassurer les détracteurs de Rabelais. Le texte masqué d'hiéroglyphes cadre un livre en pleine expansion de délires vus, lus et audibles. Un plan de renaissance de l'écriture est lancé: par ses dimensions architecturales, allégoriques et scripturales, le masque voilant de toutes ces signes s'ouvre sur des silences tourbillonnants. Ces silences prospectent une époque où société et religion connaissent tumulte, cacophonie et expansion, donnant au livre une mission qui se poursuit de texte en texte, peu apparente mais toujours là.

La mise en relief de la *mimesis* et de l'*imitatio*, des imaginaires spéculaires et symboliques, ainsi que la possibilité de "point de fuite" du texte vers un ailleurs "inconnu," visuel, graphique, ou sonore portent sur le texte à tout moment, au détour de chaque phrase et crée une dynamique très forte du texte. L'écriture rabelaisienne imprime alors une "sustantificque mouelle" dans une épaisseur particulière, et une démarche de comique alternant avec le sérieux.

Chapitre 2

Les Délits du Corps

Le style de Rabelais reproduit une kyrielle d'écritures; dans ses multiples formes de narration, elle y trouve un ressort qui relègue les éléments de la trame au second degré en quelque sorte. L'écriture oscille entre ce qui a été pris à la parole et ce qui provient des livres, entre cet *exemplum*, ce cas auquel il faut se référer, entre un langage immédiat et celui qui surgit de la médiation de l'Antiquité. La narration ne semble alors jamais prépondérante et le récit, sans cesse interrompu par l'insertion de tout un ensemble de langages divers assure le maintien du texte avec le passé et représente un point d'appel vers un renouveau.

Les délits du corps

Le titre que nous proposons pour ce chapitre est celui de "délit du corps." Par *délit*, (du latin *delictum*) il faut entendre, non seulement un acte d'approche de dé-lecture à effectuer entre les lignes et graphèmes, que nous verrons au cours de l'étude de ce chapitre, par l'intermédiaire d'une tentative de "mise à plat" de l'architecture de l'œuvre et de ses chapitres. Dans la définition du DFC contemporain, le mot *délit* signale[42] une violation de la loi passible de peines correctionnelles, celle peut-être de la censure, que l'œuvre connaîtra et peut-être encore une violation des lieux des corps de l'écriture, qui subissent une profonde mutation, entre domaine oral et domaine écrit. Enfin, nous voudrions jouer également sur l'autre origine latine *delectum*, qui a donné aussi le mot délit en français, où le mot *délit* est associé au "plaisir" de lecture et de recherche: dans les abécédaires du Moyen-Age, l'articulation des lettres *li* porte le mot plaisir. Un texte du 13e siècle invoque ainsi le mot de plaisir dans *délis*:

Après vous conterai *de l'i*
N'i a meillor lettre *de l'I*
Plus est au mont *li delis cor*

Que de l'*i* n'est petit *li cors*

> Après je vous parlerai de la lettre *I*. Il n'y a meilleure lettre que celle-ci, le plaisir au monde est plus court que n'est petit le corps de l'*I* (Jubinal, l'ABC, t. II, p 278).[43]

Mais si le mot *délis* peut évoquer un certain plaisir du texte, ce dernier contient un paradoxe, celui notamment du déchiffrage ardu, dans un cadre conventionnel qui se poursuivra tout au long des aventures de *Gargantua*: nous nous proposons donc dans cette étude, d'étudier de plus près l'architecture de l'ensemble des chapitres. Nous verrons alors que l'écriture rabelaisienne traduit un message et transmet un sens, tout en ajoutant l'apport de son mécanisme dans son fonctionnement. L'horizontalité de la page est sans cesse transgressée.

Le récit de *Gargantua* est une fiction. Qui dit fiction dit aussi fission, fission de la trame, fission révélant à la fois un abîme, un gouffre sur l'écriture, ainsi que de multiples facettes de l'écriture. Fission[44] créatrice de rythmes et de différentes postulations; le récit engendré permet de se déplacer dans plusieurs directions, offre un réseau dense, exhumant une "réalité" qui va à la fois jouer un rôle "neutre"[45] dans le livre et celui d'une représentation totale, où le travail des deux s'interconnectera sans cesse. Ce travail "neutre" de la réalité est en fait un travail de construction à partir d'une destruction de la réalité du monde environnant. La représentation totale de l'ensemble de *Gargantua* donne une version d'un monde en pleine construction dans un espace particulier, celui du livre. Comme le montre la figure 1 page 29, la structure de *Gargantua* révèle un schéma ternaire où l'opposition/destruction de nombreux chapitres trouve une contrepartie importante dans des chapitres que nous avons dénommés "entre" dans la figure 1: les chapitres qui y sont situés oscillent de façon constante dans la composition de l'œuvre entre ces chapitres de "construction" et de "destruction." Ils accumulent une force, de par leur position stratégique qui certifie une "présence" très importante, celle de la rupture avec un monde, celui du Moyen-Age. Dans le texte, la narration linéaire[46] disparaît complètement au profit d'une représentation, où la dynamique de l'échange, de la répétition, de mouvements de va-et-vient au sein du discours accroît cette brisure. La présentation de divers tableaux au cœur de ces chapitres intitulés "entre" révélera un montage tout à fait significatif et précurseur pour la fiction à venir du 17e, 18e et même jusqu'à nos jours. Cette fiction littéraire va donc générer un ensemble de représentations où l'échange au sein des chapitres se renverra de page en page.

Les Voies Enfouies

Si comme le montre Louis Marin dans *Utopiques. Jeux d'espaces*,[47] le récit mythique favorisait l'enchaînement des histoires racontées, où exhumer toutes les particularités et les dissemblances au sein du discours montrait alors la société telle qu'elle était, le texte que nous avons sous les yeux découvre une voix enfouie sous une multitude de chapitres[48] (58 exactement) et fait redécouvrir en profondeur un ensemble de systèmes, qui mettent en valeur la trame narratrice. La disjonction opérée affecte toute la structure de l'œuvre.

> Redonner une voix à ce récit enfoui, c'est en quelque sorte, déconstruire la représentation utopique, découvrir le tableau non comme une simple surface où tout est présenté, mais comme une hiérarchie et un emboîtement de textes de niveaux différents, et, du même coup, découvrir le sens de la pratique productrice de l'utopie dans ce qui est fait pour la dissimuler.[49]

Et la multiplication des chapitres n'engendrera pas l'apparition d'une voix, mais de plusieurs *voix*, propagera un brouhaha qui se répercutera de texte en texte, projetant paradoxalement un silence: à force d'entendre trop de bruit, une espèce de tonalité faible et diffuse transperce où le brouillage de tous les sons et leur brouillage ne fait que s'amplifier, où aucun son dominant ne peut percer de façon nette. Une sorte de silence naît alors par manque de focalisation. L'abondance des chapitres provoque ainsi une espèce de silence sur les intentions de l'auteur, sur les aventures du héros, brouille le fil de la lecture à tout moment, oblige à répertorier sans cesse ce qui se passait auparavant dans le texte, et permet d'entrevoir la trame narratrice de l'œuvre. Examinons de près quelques soubresauts des 13 premiers chapitres.

Le texte y déambule à travers les méandres en torsion: les chapitres évoquent l'évolution du géant Gargantua, son éducation, puis ses aventures, qui finissent après la guerre picrocholine, elle-même traversée de nombreux retours en arrière. Le texte finit sur l'édification de l'abbaye de Thélème, puis sur l'énigme en prophétie. Le texte présente à chaque instant une répétition dans ses mots, ses chapitres, ses histoires, un échange qui ne fait que se perdre dans un tourbillon de redites. L'échange dans les chapitres procède en effet d'un troc constant de citations latines, de proverbes, d'actes faits et refaits pour établir une espèce de noyau qui se multiplie à l'infini. Ce troc constant comme nous le verrons provoque une écriture, qui va sans cesse s'élaborer au cours des phrases,[50] des mots, des paragraphes, et des pages, mais aussi perfore le texte de pertes qui vont se répercuter par sauts et soubresauts.

Voir Le Texte Dans Ses Oppositions

Les différents chapitres sont opposés constamment: il faut sans arrêt s'arrêter et relire. Les corps des chapitres sont ainsi conçus pour être sans arrêt arrêtés, martelés, et peut-être ignorés: comme le montre la figure 1 page 29, le mouvement du texte s'accroît, (chapitre 6: naissance de Gargantua) se multiplie pour soudain se contredire et s'arrêter sur un ou des chapitres opposés (les chapitres 7–12 donnent d'immenses descriptions sur la couleur des livrées de Gargantua, leur signification, mais arrêtent la narration), puis quelques chapitres plus loin, les aventures de Gargantua repartent de façon différente (aux chapitres 16–17 Gargantua va à Paris). Comme autre exemple d'arrêt dans la narration, les chapitres 12 et 13 où Gargantua fait preuve d'ingéniosité dans l'invention des torcheculs seront remis en cause lorsque l'enfant se mettra à pleurer devant son père, ne pouvant articuler une parole (chapitre 14). Puis le chapitre 15 remettra Gargantua sur la bonne voie de l'éducation, et en montrera ses limites. Comment un enfant pourrait-il ingurgiter tant de notions en une seule journée? Comme nous le voyons, les chapitres se complètent, marquent le texte de soubresauts qui seront repris: ils attirent le lecteur à poursuivre les méandres du texte.[51] Mais le récit "caché" et mis ainsi à nu ne peut-être procuré que par une "vision" différente aux choses.

Il faut procéder en quelque sorte à un arrêt dans la lecture, pour voir et entrevoir ce qui va se passer. "Voir devient dévorant," pour reprendre la formule de Michel De Certeau:

> His approach "opens itself" to things, or more precisely to the invisibility that is disclosed within the network of their appearings. It is a process of sinking down toward that which occurs incessantly in perception.[52]

Et en même temps, l'ignorance de ce qui attend le lecteur devient cruciale. Faire abstraction au départ de tout un savoir, pour "délire" pose souvent le premier problème, mais permet la découverte. L'*espace* qui a été ainsi répertorié n'est pas "neutre," puisqu'il a exhumé des connaissances, fait appel à un savoir particulier, à une culture particulière. Le fait d'interroger ces connaissances porte également un jeu sur cette "neutralité." Que doit-on interroger et comment l'interroger: il y a déjà ce qui était là. Seule une division irrémédiable doit être effectuée pour essayer d'arriver à déchiffrer autre chose.

> This paradox organizes vision. We cannot open our eyes to things without distancing ourselves from what we seek. Separation is the price of vision. It is based upon an absence from what it looks at, but is made possible by its presence in the world in which that division takes place.[53]

Le gouffre qui surgira devant le lecteur sera répertorié de façon incontrôlable. Puis, le lecteur devra procéder à un autre mouvement de retour vers la lecture. En essayant ainsi de voir-lire *Gargantua*, et en laissant le rythme des images procéder, on s'aperçoit alors d'une multitude de signes, de réseaux interconnectés, de graphes, qui ne sont pas toujours "neutres" puisqu'ils appartiennent au réseau de la culture de Rabelais, ou résonnent de façon particulière au 16e siècle. Certains de ces *espaces* font travailler à fond l'inconscient du texte, lui aussi non "neutre."

Le discours se trouve ainsi peu à peu arraché à l'emprise matérielle du mot, puis encore plus profondément, de la lettre et de sa graphie, au point de devenir en quelque sorte un autre symposium, où le type de perception fait appel à un certain type de conscience complètement enfouie, toujours là, mais tellement latente et que l'on pourrait dénommer "existence brute."[54] A ce moment-là, des mots répétés surgiront, à la fois redondants, incantatoires tels une psalmodie ou un refrain. Retourner à cet état procède d'une élaboration pointue, fait appel à ce que le moment actuel appelle "régressif."[55] Dans une analyse clinique, ce moment "régressif" est le moment où le patient commence à énumérer par bribes certains éléments caractéristiques. Ces éléments ont la particularité d'apparaître sous forme d'images[56] plus que de mots, catalysant en quelque sorte l'action de transfert, qui n'est possible que par l'intermédiaire de ce retour en arrière. Ce retour en arrière peut être la lecture et va permettre de faire discerner au patient et au lecteur un mouvement de dialogue récurrent de mots, chiffres, ou images, qui ne sont pas confinés à des structures de sémantique. Les choses appréhendées concernent alors un vaste registre de représentation, de lettres ou de pictogrammes que la conscience avait voilés. Les images apparaissent ainsi peu à peu, ainsi que des mots, des lettres différentes. Cette "méthode" qui propose une restructuration de la vision parcourt le monde de façon autre. Ainsi, si l'on utilise ce procédé pour la construction du livre de *Gargantua*, on note que l'entrelacement des éléments des chapitres propose non pas un schéma traditionnel, un texte qui s'arrête, bouclé sur lui-même, mais élabore une construction savante, toujours balancée qui s'ouvre vers un renouvellement de l'écriture des chapitres. Les chapitres vus deviennent une métaphore visuelle d'un acte de croyance: par une série d'images, de visions différentes, une espèce d'adhérence s'opère entre le vu et le visible. L'adhésion entre faits et images propose une infinité de possibilités.

Les Brouillages de Rabelais

On s'aperçoit que Rabelais veut instiguer un brouillage: le lecteur devra le déjouer afin de pouvoir trouver d'autres éléments. Le texte est enrichi à chaque tournant de phrase, de mot ou de chapitre et semble virevolter dans tous les sens. En réalité, Rabelais joue sur les jeux constants de la délecture, de l'arrêt, et de la reprise du passage pour donner une trame narratrice riche et développée jusqu'au bout. Ainsi, le décorticage des chapitres (voir le schéma ci-dessous) met en relief le fait que Rabelais veut infuser à son texte une part de doute, mais aussi une part de richesses. Le côté "invisible" au premier abord de ces éléments est ici mis en relief. L'acte de délecture permet non seulement l'énonciation de la trame narratrice, mais encore découvre un univers en complète ouverture/fermeture, un autre monde régi par d'autres valeurs ou d'autres codes. Le schéma du texte fait alors apparaître une enveloppe en forme d'opposition/construction: elle présente la particularité, comme nous le verrons plus loin dans l'analyse de ce chapitre 3 de se répercuter à l'intérieur des chapitres eux-mêmes. La numérotation abondante des parties du livre fait entrevoir les rejets et les comparaisons des scènes, morcelle et fragmente la narration sans cesse de l'intérieur, et de l'extérieur. L'articulation spécifique des grandes unités est ainsi généralement conçue: l'annonce d'un titre spécifique, et celle d'une numérotation particulière entament le chapitre mais ne portent en fait que des traces d'une lecture tout en circonvolution. Dans l'œuvre gigantesque qu'a effectué M.A. Screech dans l'étude de Rabelais, l'auteur note la difficulté à discerner l'équivoque de ces échanges[57] sur l'étude de *Gargantua*.

Figure 1

Construction	Entre	Destruction
Vers de l'auteur.		
Prologue de l'auteur.		
1 De la généalogie et antiquité de Gargantua.		2 les Franfreluches antidotées.
3 Comment Gargantua est porté onze mois.		4 Comment Gargamelle mangea grand plat de tripes.
	5 Les propos des bien Yvres.	
6 Comment Gargantua naît.		
7 Comment le nom fut imposé à G.		8 Les vêtements de Gargantua.
		9 Les couleurs et livrées.
		10 Signification des couleurs blanc et bleu.
		11 De l'adolescence.
12 Des chevaux factices.		
13 L'invention des Torcheculs.		14 Education par un sophiste.
15 Eudémon.	16 Voyage à Paris.	
	17 Prise des cloches.	18 Envoi de Janotus.
		19 Harangue de Janotus.
		20 Vol d'un drap.
23 Etude selon Ponocrates.	22 Liste des Jeux.	21 Etude selon les sophistes.
	24 Emploi du temps par temps pluvieux.	

La mise en place d'un schéma binaire indiquant des actions et leurs contre-actions qui sont généralement des actes de parole fait retarder le récit même à tout moment, obligeant à des pauses innombrables, qu'il faudra essayer de "délire." La place des chapitres "entre" provoque cette construction puisqu'elle relie à la fois les chapitres en opposition et ceux de destruction. Cette forme de construction dans la narration des événements est ainsi associée à une forme d'érudition composée à la fois de *l'imitatio* et de la *mimésis*. Comme le stipule Michel Jeanneret,[58] le 16e siècle célèbre à la fois l'art de reprendre l'institution qu'est la tradition des anciens :

l'*imitatio* témoigne d'une érudition savante constante à travers les textes. Elle élabore un procédé de savoir compilant à la fois des moyens mnémotechniques, où l'étude de nombreux livres anciens qui sont copiés et recopiés à l'infini dans les textes du Moyen-Age permet d'accumuler citations et érudition dans un gouffre sans fin. Rabelais y associe l'art de la *mimesis*, procédé qui consiste à se rapprocher le plus près du "réel." Ce procédé est lui aussi un véritable leurre puisqu'à aucun moment le livre ne projette la vie, mais reconstitue ce qui croit avoir été vu, entendu, ou supputé de façon déformée. La *mimesis*, qui module la découverte du récit de différents procédés techniques, fait voir en quelque sorte les différents fils rouges qui constituent la trame de l'œuvre. Ce que Rabelais essaye de faire dans la composition de l'œuvre de *Gargantua* est une véritable subversion de l'écriture en disséminant tout au long de l'œuvre une complémentarité constante entre ces deux systèmes. Il pose ainsi une brisure très nette de ces deux modes d'articulation. Si par exemple, les scènes de naissance, ou plus tard les épisodes des torcheculs captivent l'attention du lecteur, le font sourire, Rabelais soumet la lecture à une production de ce qui pourrait se passer dans la vie de tous les jours, où le plaisir devient récréation, en le distordant, c'est-à-dire en accumulant des jeux de mots, des emblèmes, des hiéroglyphes, créant avant tout une pose de la lecture à chaque tournant de phrase et de page.

Les Chapitres Entrelacés

Ensuite, la pose dans ce schéma d'un ensemble de chapitres appelés "entre" dans la figure 1 et 2 pages 29 et 33–34 provient du fait de la nature intrinsèque de ces chapitres. Théoriquement, ils devraient faire partie du groupe intitulé "construction" ou "destruction," mais ils garantissent de par leur plan dans l'espace une position stratégique de médiation, puisqu'ils conduisent une certaine action dans le récit. Ils l'arrêtent également par leur nombre infini de jeux de discours: l'épisode du voyage à Paris, qui traite ainsi du départ de Gargantua pour la capitale devient le prétexte d'une création d'un jeu de mots sur l'étymologie de la ville. Ces chapitres concilient à la fois les périodes de construction tout en facilitant leur expansion, mais les arrêtent de même en participant à l'élaboration d'enclaves creuses, réceptives de négations, d'arrêts langagiers. Ensuite, ces chapitres mettent en scène de façon plus nette un type d'échange particulier avec d'autres chapitres. Le prologue de l'auteur représente une ouverture spatiale très troublante, en complète "harmonie" avec le dernier chapitre. Il pose de par sa position une "entremise" importante quant à la suite du discours. Jacques Derrida propose dans la *Dissémination* l'étude de la préface comme genre et postule:

> Pour l'avant-propos, réformant un vouloir-dire après le coup, le texte est un écrit, un passé que, dans une fausse apparence de présent, un auteur caché et tout puissant, en pleine maîtrise de son produit, présente au lecteur comme son avenir. Voici ce que j'ai écrit, puis lu, et que j'écris que vous allez lire. Après quoi vous pourrez reprendre possession de cette préface qu'en somme vous ne lisez pas encore, bien que, l'ayant lue, vous ayez déjà anticipé sur tout ce qui la suit et que vous pourriez presque vous dispenser de lire.[59]

Or, si la préface et le prologue de *Gargantua* imposent au lecteur une autre lecture que j'aimerais tenter de suivre selon un mode de déconstruction et d'anticipation constante, elles déroutent le lecteur en lui donnant de multiples détails. Rabelais indique dès l'abord du texte, qu'il jouera avec les différents fils de l'écriture. Ensuite, on ne pourrait guère se dispenser de la lire comme le suggère Derrida, sans s'assurer d'une coupure très nette avec ce qui va se passer dans le cours de la narration, puisqu'elle montre dès le début des soubresauts et des mouvements du livre.

Si l'on continue l'étude de la figure No 1, on s'aperçoit que le chapitre 5 constitue une charnière importante dans l'élaboration du livre. Ce chapitre porte à la fois sur l'élaboration de toutes les voix qui s'échappent du coffre à silène et interrompent le discours à tout moment perforant la matière première du chapitre d'arrêts sans cesse renouvelés. Qui parle? D'où proviennent toutes ces voix ivres? En même temps, ces sons fonctionnent comme une construction psalmodiée qui se déroule et s'enroule jusqu'à finir sur l'ingestion d'herbes "avallez, ce sont herbes" comme un médicament qui favoriserait alors l'introduction au chapitre suivant "comment Gargantua nasquit en façon bien étrange."

Ensuite, dans la configuration de la figure No 1, les chapitres 16 et 17 montrent une même hésitation à entrer dans le schéma binaire de construction de la trame et de sa destruction. Il s'agit en effet de la prise de la jument au chapitre 16 et de l'avènement du jeu de mot "Beauce." Si ce chapitre semble n'être monté que pour finir s'achever sur un jeu de mots, il est aussi en mouvement puisqu'est mis en scène un élément important, celui de l'apparition de la jument dans la narration, repris dans la guerre picrocholine. Une surenchère d'actions se développe, ainsi qu'une satire de Grandgousier "si n'estoient messieurs les bestes, nous vivrions comme clerc." De même sur cette lancée, le chapitre 17 offre le même genre de construction: on voit une description succincte de Paris, la possibilité pour Gargantua de "pisser" et créer un véritable déluge et de créer le texte, comme la tradition des troubadours le voulait au Moyen-Age. Mais encore ce déluge sera repris au chapitre 38 lors de l'aventure du vol des grosses cloches. Ces deux chapitres représentent une entremise constante entre la composition du récit, ou sa destruction grâce à d'innombrables citations latines dans le chapitre 16 ou des jeux de mots sur Paris ou Lutèce. Ces jeux de mots permettent d'arrêter le récit à tout moment et entrent dans une charnière importante puisque nous sommes environ au 1er quart du livre. Ils modulent à la fois des événements séquentiels et des arrêts moteurs dans la trame narratrice.

La configuration des chapitres 21 et 23 montre l'éducation de Gargantua selon les sophistes, lorsque le temps est pluvieux. Ces chapitres devraient être à priori des chapitres de construction narratrice. Or, ils amalgament une somme d'éducation énorme, pratiquement impossible à effectuer en une journée. Chaque paragraphe est construit en opposition avec les paragraphes suivants, et laisse peu de souffle pour Gargantua. Rabelais démonte le système de l'éducation poussé à l'extrême, en multipliant les activités, en inventant et créant des jeux et des exercices qui n'en finissent pas, et qui se déroulent pour finir sur une demi-ouverture, celle du chapitre suivant. Les chapitres 21 et 23 proposent ainsi à la fois des aventures, mais représentent également un phénomène d'écriture et de lecture qui ne se situe pas seulement en opposition aux autres chapitres: ils sont aussi un autre prétexte pour parler des livres, ou dans le chapitre 21 des sophistes en particulier.

La Deuxième Moitié Du Livre

A partir du chapitre 25, la position des chapitres dans ce schéma binaire bascule et s'inverse. Après toute l'éducation de Gargantua, Rabelais entreprend la narration de la guerre picrocholine. Dans la partie gauche du schéma ci-dessous, s'amorce par effet de contraste avec les 25 premiers chapitres, une inversion des épisodes: les éléments qui devraient être destructifs, comme la querelle des fouaciers, la guerre, constituent la trame narratrice de l'œuvre. Au contraire, les exploits des moines, ou les lettres de Gargantua, arrêtent à tout instant le récit. Ils ont donc été déplacés dans la partie droite. Ces chapitres donnent de par leur position un jeu de miroir qui renvoie aux premiers épisodes. Ils offrent à la fois l'image du monde séculier tel que les gens ordinaires pourraient se le représenter, et ils posent le modèle que le séculier offre aux gens ordinaires. Le monde qui est reflété dans *Gargantua*, élabore un espace ancré dans des valeurs traditionnelles du Moyen-Age: la terre y est un miroir à l'image de Dieu, dont certaines choses ne peuvent être entièrement comprises. Mais en même temps, ces pages dessinent un mirage des temps, où humanistes, gens de science ou certains auteurs voient dans cet univers un ensemble de discours qui en décuple les déformations référentielles, les disloque et les module à leur rythme pour poser puis intégrer d'autres qualités. Ces auteurs posent un monde absurde, où l'inversion des valeurs devient sujet à rire et plaisanterie, un monde de caractère aléatoire, soumis à une perpétuelle rotation, comme celle du monde physique.

Figure 2

Construction	Entre	Opposition
25 Querelle des fouaciers.		
26 Dépouillement des bergers.		27 Un moine de Sully sauve les habitants.
	28 Picrochole passe le gué. Hésitations de Grandgousier.	
		29 Lettre de Grangousier à Gargantua.
30 Ulrich Gallet est envoyé près de Picrochole.		31 Harangue faîte à Picrochole.
32 Grandgousier rend les fouaces.		
34 Gargantua quitte Paris.		33 Discours des conseillers.
35 Gymnaste tue Tripet.		
36 Destruction du château de gué.		37 Gargantua fait tomber des boulets de ses cheveux.
		38 Il mange des pélerins en salade.

Ainsi la construction du livre semble s'orienter vers une constellation de chapitres, régis de façon autonome, mais affectés également sans cesse par de constants retours en arrière, par une complémentarité dans les chapitres qui s'appelle de loin en loin, immobilisant la lecture à chaque coin de page: les 25 premiers chapitres constituent une contrepartie aux 33 chapitres suivants, dévolus aux guerres et aux aventures du héros. Certains chapitres tels le 38 et le 51 tourbillonnent dans les actions et les dires qui arrêtent le récit, et creusent au cœur de l'œuvre une béance qui révèle de profondes mutations dans la narration.

La Guerre Picrocholine

Pour ne donner qu'un exemple des béances et d'un travail recherché dans la composition de l'œuvre, il suffirait de citer les chapitres de la guerre picrocholine. Située dans la deuxième moitié de l'œuvre, elle comporte 25 chapitres. Nous aimerions dans les pages suivantes essayer de voir comment s'établit le lien entre ces chapitres, s'il y a lien, et voir d'après le modelé du texte, les délectures possibles et les choix offerts, qui seront alors analysés, répertoriés et critiqués.

Deux chapitres annonçant la guerre pourraient être mis en parallèle, comme nous le mentionnions dans la figure 2: il s'agit des chapitres 25 et 26, de leur opposition au chapitre 27. Le déroulement de ces chapitres montre les parties suivantes :

figure 3

Chapitre 25	Chapitre 26
Position de	Les fouaciers rentrent.
Les bergers demandent des fouaces.	Picrochole se met en colère.
Non des fouaciers. Leur réplique.	On bat le tambour dans la ville.
Frogier s'enquiert.	Préparation de l'armement.
Marquet répond.	Préparatifs pour les chevaux.
Frogier s'approche, est frappé.	Avance.
Les métayers viennent au secours.	
Description de la dévastation.	
La bataille.	
Les bergers rentrent chez eux.	

Le troisième chapitre annonçant la réplique à ce début de guerre est instigué par un moine et se compose des grandes parties suivantes :

Chapitre 27

Continuation du pillage.
Direction vers le bourg.
les moines ne savent pas quoi faire.
Description de Frère Jean.
Frère jean sort et voit ce qui se passe.
Chanson des prêtres.

Réplique de Frère Jean.
Raisonnement.
Réponse d'un autre moine.
Résolution de Frère Jean.
La bagarre et sa description.

Les deux chapitres 25–26 agencent de façon synchronisée les événements conflictuels qui amènent la guerre. La disparité entre le vol des fouaces et la grande colère de Picrochole est d'autant plus risible qu'elle fait entrevoir tout un arsenal de chiffres assez impressionnants. Il ne faut pas moins de : 16 014 arquebusiers, 35 011 aventuriers, 914 grosses pièces et de canons, doubles canons, basilics, serpentines, couleuvrines bombardes pour Picrochole.

Mais c'est avant tout l'amoncellement de jurons qui va activer la guerre, et déclencher la kyrielle d'événements qui s'en suivront et répondront aux coups assenés par Frère Jean dans le clos de l'abbaye. Au grand nombre d'insultes proférées au chapitre 25, suivra en contrepartie une dévastation énorme et un pillage au chapitre 26. Le rythme de la dévastation devient intense et se modèle sur le rythme cadencé de la marche des soldats de 3/ 4/ 5/4/3/3/4:

> Adoncques sans ordre et mesure prindrent les champs les uns parmy les aultres, gastans et dissipans (3)tout par où ilz passoient, sans espargner ny pauvre, ny riche, ni lieu sacré, ny profane (4); emmenoient beufz, vaches, thoreaux, veaulx, génisses, (5) brebis, moutons, chèvres, et boucqs, (4) poulles, chappons, poulletz, (3) oysons, jards, oyes,(3) porcs, truyes, guoretz (3); abattans les noix, vendeangeans les vignes, emportant les seps, croullans tous les fruitcz des arbres (4).[60]

En fait, frère Jean répond directement aux menaces en étant le seul avec son bâton à se jeter dans la mêlée pour tuer 13 622 hommes "sans compter les femmes et les petits enfans." Cette phrase finale fait évidemment rire, mais annule les effets d'armement de Picrochole, ainsi que les paroles de Gallet du chapitre 31. Les mots feront ricochet aux actions du moine, comme le nom du personnage "Gallet" l'indique. Une mise en abîme est mise en place qui montrant une solution victorieuse pour Grandgousier. Elle indique en quelque sorte ce qui va se passer par la suite, et rejette en bloc la possibilité de résoudre le conflit dans ce chapitre même, puisque les dernières paroles sont :

> Jamais Maugis, hermite, ne se porta si vaillamment à tout son

bourdon contre les Sarrasins, desquelz est escript es gestes des quatre filz Haymon, comme feist le moyne à l'encontre des ennemeys avec le baston de la croix. (128)

De même, les jurons proférés au chapitre 25 sont au nombre de 28 et renvoient à une quantité d'éléments et de coups que portera le moine aux soldats de Picrochole. Il y a :

Les appellans trop diteulx, breschedens, plaisans rousseaulx, galliers, chienlictz, averlans, limes sourdes, faictnéans, friandeaulx, bustarins, talvassiers, riennvaulx, rustres, challans, hapelopins, trainne-guainnes, gentilx flocquetz, copieux, landores, malotruz, dendins, baugears, tézez, gaubregeux, gogueluz, claquedans, boyers d'étrons, bergiers de merde. (119)

qui répond aux actions effrénées de Frère Jean du chapitre 27:

Es uns escarbouilloyt la cervelle, es aultres rompoyt bras et jambes, es aultres deslochaoyt les spondyles du coul, es aultres demoulloyt les reins, avalloyt le nez, poschoyt les yeux, fendoyt les mandibules, enfonçoyt les dens en la gueule, descroulloyt les omoplates, sphaceloyt les grèves, desgondoit les ischies, débezilloit les fauciles. (126)

Mais ces mouvements correspondent aussi au langage "coloré" de Frère Jean qui s'exprime en français comme prêtre séculier. Ce dernier produira un discours, qui campera un personnage "fort." Rabelais ne semble d'ailleurs pas vouloir finir de le décrire: tout d'abord, l'auteur fait une description physique, longue et minutieuse. Ensuite, le portrait est dessiné à la manière d'une histoire orale, par des termes brefs, puis par une accumulation d'attributs grossis, qui occupent de plus en plus d'espace comme "beau desbrideur de messe" ou "beau décroteur de vigiles":

En l'abbaye estoit pour lors un moyne claustrier, nommé Frère Jean des Entommeures, jeune, guallant, frisque, de hayt, bien à dextre, hardy, adventureux, délibéré, hault, maigre, bien fendu de gueule, bien advantaigé en nez, beau despescheur d'heures, beau desbrideur de messes, beau descroteur de vigiles, pour tout dire sommairement vray moyne si oncques en feut depuys que le monde moynant moyna de moynerie: au reste clerc jusques es dents en matière de bréviaire. (125)

La dernière phrase de ce portrait confère une autorité magistrale au personnage de Frère Jean de par sa place et de son grossissement par répétition des sons MOY, et renforce les agissements de ses coups quelques chapitres plus loin. Ces énumérations immobilisent ainsi à tout moment le récit, et supplantent en force la description de la guerre. La bagarre est d'autant plus vive qu'elle est racontée à l'imparfait de narration, dans un mouvement effréné mais non définissable du point de vue spatio-temporel. La redondance des sons OY fait entendre le son de l'ouïe à l'infini sans précision quant à la fin ou au début. Ces sons montrent un texte en train de se faire et de se faire entendre: Rabelais parodie les sons désaccordés qui n'ont aucune signification, lorsque les moines prononcent des mots en latin de façon inintelligible. Ces vibrations provoquent ainsi le rire.

> Ini - nim- pe - ne - ne - ne- ne - ne - ne - tum - ne - num - num -ini -
> i - mi - i - mi - co - o - ne - no - o - o ne - no - ne - no - no - no - rum -
> ne - num - num. (125)

Les activités du moine témoignent d'ailleurs de l'influence de Rabelais médecin et répondent aussi au vocabulaire élaboré des jurons disséminés quelques pages auparavant pour camper le personnage "Par le corps Dieu !" "Ventre Saint Jacques !"

L'Engrenage De La Guerre

Ainsi l'élaboration de l'engrenage de la guerre se fait à partir d'une trilogie 2/2/1 qui sera annulée par le chapitre 28 situé dans la figure 2 comme mouvement "entre" lorsque Picrochole passe le gué. Ce chapitre arrête également le récit puisque Grangousier ne se décide pas à faire la guerre: le passage du gué est en quelque sorte l'état de passage à la guerre, ou plus exactement le passage à l'écriture déployée. La guerre n'est en effet que le prétexte pour former et articuler toute le savoir-faire verbal de Rabelais. Ce chapitre est en quelque sorte une voûte qui met à nu le passage de l'écriture, de l'envoyé Ultrich Gallet, et des raisonnements faits à Picrochole. Les chapitres 29, 30 et 31 se déroulent comme suit :

Chapitre 29	Chapitre 30
Introduction.	Ulrich est envoyé.
Critique des armes offensives.	Gallet passe le gué
Bonnes intentions d'apaiser la guerre.	Repos de Gallet.

Rappel de ses actions qui ont échoué   Il se transorte avec une trompette.
auprès de Picrochole.

Chapitre 31

Introduction: appel à la raison.
Peine et surprise de Grandgousier
Rappel de l'amitié.
Question: pourquoi cette colère ?
Questions hypothétiques
Rappel à la raison: retire-toi de ces terres.

La symétrie de ces trois chapitres renvoie aux premiers chapitres 25, 26, 27 dans une autre forme de trilogie, se terminant par l'envoi de Ulrich Gallet et de sa harangue. Le passage 31 contraste donc par rapport aux faits et gestes du prêtre: il renforce ses actions, prouve aussi que tout est tenté de la part de Grandgousier pour éviter la guerre. La forme triangulaire "désamorcée" de ces chapitres montre que Rabelais se soucie des proportions géométriques et témoigne d'un souci constant pour essayer de circonscrire l'ensemble des chapitres de la guerre. La formulation détermine ainsi le modelé graphique et géométrique d'une guerre et de sa préparation. Ces recherches de mathématisation se retrouveront d'ailleurs dans la création de la cité de Thélème. Les passages articulent un schéma récurrent cher à la Renaissance qui accorde dorénavant une forme à la valeur essentielle des cités, ou de certains événements.

Ensuite, les deux chapitres qui suivent ces deux formes triangulaires de la guerre vont être de nouveau repris sur le mode binaire. Par exemple, dans le chapitre 32, Grandgousier décide de rendre les fouaces :

> Puis qu'il n'est question que de quelques fouaces, je essayeray le contenter, car il me desplaist par trop de lever guerre. (139)

Ces paroles contrastent singulièrement avec les propos dangereux des conseillers de guerre de Picrochole. Les endroits que veulent faire prendre le duc de Menuail, le comte Spadassin et le capitaine Merdaille révèlent une cartographie précise des lieux découverts, mais la quantité empêche toute vraisemblance. La toponymie des trois noms reflète déjà leur peu de valorisation, fait en même temps rire et annuler leur présentation: Menuail fait penser à menu, petit, mais également au "menu" qu'il va servir à Picrochole. Spadassin est un soldat de petite taille, quant au patronyme Merdaille, il porte en lui un des jurons français les plus connus. Picrochole, qui veut dire "bile amère" en grec se met à rêver comme un enfant, devant la présentation de tous ces pays, mais les pays de Cocagne, qu'il voudrait trouver sont fondés sur des exploits géographiques réels:

> Les rêves du groupe de Picrochole ont un fondement très réel, les lieux par lesquels ils passent dans leur imagination sont vus avec leurs curiosités: le détroit de Gibraltar avec les colonnes d'Hercule, Rome avec son pape et celui-ci avec sa pantoufle: lorsqu'ils conçoivent des entreprises militaires, ils pensent aux obstacles matériels, comme la soif, et ils prennent soin de la combattre en faisant accourir des navires chargés de vin.[61]

L'invasion de ces pays impose une stratégie militaire que Rabelais parodie, qui prend le contre-pied de l'expérience: le raisonnement des trois conseillers est poussé jusqu'à l'absurde. Rabelais relativise les grands mouvements de guerre de façon implacable. A cause également de ce "fondement réel," Picrochole se met à rêver, dans un temps en excroissance et ne fait qu'accumuler des noms de lieux géographiques, qui en définitive se déroulent et se replient sur eux-mêmes. Leur quantité même les condamne et leur font perdre toute valeur. Nous avons: Onys, Sanctonge, Angomoys et Gascoigne, ensemble Perigot, Médoc et Elanes. .....Bayonne, St Jean de Luc et Fontarabie, Galice, Portugal.... les royaumes de Tunic, de Hippes, Argière, Bone Corone....Majorque, Minorque, Sardaine, Corsicque et aultres isles de la mer Ligusticque et Baléare. ......La Gaule narbonicque, Provence et Allobroges, Gênes, Florence, Lucques, Rome.

Qui plus est, le déroulement de cette guerre esquisse un paysage en dents de scie, caractéristique d'un grand mouvement de corps d'armée, certes, mais difficilement réalisable: nous voyons des attaques au centre sud, au sud-ouest, au nord, au sud. Mais Picrochole se fait bercer par les noms et le leurre auditif correspond ici à une rêverie qui ne fera qu'aboutir à un échec. Ce leurre est d'autant plus grand que la personnalité des trois conseillers semble disparaître et qu'on ne sait qui indique quelle action et quel pays prendre. Les voix fonctionnent à la manière de voix ivres et rappellent ainsi le chapitre 5. Il y a "dirent-ils" quatre fois dans le texte, ce qui accentue l'irréalité.

Picrochole Et La Défaite Du Langage

Ensuite, le manque d'unité de toutes les régions mentionnées découvre à la fois un irréalisme amplifié, et construit également un potentiel de défaite du langage pour Picrochole. Ce langage psalmodié donne la possibilité au texte de travailler comme force vive. Le chapitre 33 déploie un langage, un leurre et annonce l'inévitable échec qui sera consacré à cette entreprise hasardeuse.

Le texte ainsi créé de la guerre picrocholine dévoile une imbrication très importante de tous les éléments. Si l'on continue l'étude des chapitres, une nouvelle trilogie de passages réfutera les prévisions irréalistes de Picrochole: il s'agit des chapitres 34, 35, 36, qui montrent des actions de Grangousier et de Gymnaste, triangle qui sera de nouveau annulé par les propos tenus les cinq chapitres suivants, qui distillent des retards sur l'action comme lorsque le moine fait dormir Gargantua au chapitre 41. Ensuite de nouveau, comme l'indiquait la figure 2, les chapitres 42, 43, 44 constituent trois étapes dévolues à l'action, qui seront reprises après un arrêt langagier des chapitres 45 et 46 par une dernière trilogie d'actions: mobilisation des légions au chapitre 47, assaut à Picrochole 48 et fuite de Picrochole 49. L'ensemble de la guerre picrocholine reçoit une abondance de chapitres savamment élaborés, qui projettent à la fois des éléments comiques, mais infusent à tout moment des interruptions du langage, créant par des soubresauts, et des retours en arrière un texte fort, qui s'achemine tout en se construisant lui-même au fil des mots, et qui vit de ses propres ressources.

Ainsi, si la guerre est un ensemble bien enchevêtré de chapitres, qu'il faut "délire" avec attention pour en voir les béances, et voir à partir de sa trame narratrice, la constitution de l'abbaye de Thélème pose également un problème de structure.

Les Chapitres De L'Abbaye De Thélème

Elle est en effet située après la guerre picrocholine et se trouve comme excentrée de l'histoire, un peu comme un "supplément." Elle répond à l'attention de Grangousier d'accorder un don à Frère Jean et met en scène l'architecture d'une abbaye qui se veut différente des autres. Elle provoque également de par son articulation, de la structure des chapitres et de l'abondance des règles, et des lois un leurre, une duperie sur les mots, les phrases.

En effet, dans une première étape descriptive, l'auteur montre pourquoi l'abbaye a été bâtie (chapitre 52) puis il décrit les bâtiments (chapitre 53). Mais les deux chapitres s'enchevêtrent et déplacent également à tout moment la narration: par exemple le titre du chapitre "Comment Gargantua fit bâtir pour le moine l'abbaye de Thélème" ne montre qu'une des facettes de l'histoire et provoque une espèce de suspens qui sera démêlé dans le titre du chapitre 53 "Comment fut bâtie et dotée l'abbaye de Thélème," où pourtant il n'y a encore aucune trace de la construction de Thélème mais seulement son "désir." "Désir" manifeste d'entreprendre un récit imaginaire, utopiste et peut-être donc difficilement classable, mais peut-être aussi discours difficile parce que comme Louis Marin le dit:

> Il ne faudra jamais oublier, en ce qui nous concerne, que l'utopie est d'abord un livre, dont la pratique productrice fait peut-être apparaître ce que la lecture des livres, depuis la Renaissance, nous fait oublier: qu'elle est un texte dont la réalité n'est nulle part, un signifiant dont le signifié n'est pas une idéalité spatio-temporelle, ou une intelligence rationnelle, mais le produit de son propre jeu dans l'espace pluriel qu'il construit.[62]

Dans cette utopie, Rabelais propose un lieu où rien n'est réglé. Basé sur les concepts de spontanéité, d'amour, et de bien-être de tous, elle maintient une double fin: celle de vouloir que tout soit fait selon son bon plaisir, mais en même temps est réglé de façon trop précise. Cette contradiction joue alors un rôle essentiel dans la proposition de Thélème. Ce paradoxe va être mis en relief tout au long de l'élaboration de ces six chapitres. Tous les chapitres déplacent leur but et se trouvent repris un peu plus loin dans une phrase, un mot, quelques pages plus loin. Nous avons:

Chapitre 52: Comment Gargantua feist bâtir pour le moyne l'abbaye de Thélème.
Chapitre 53: Comment feust bastie et dotée l'abbaye des Thélémites.
Chapitre 54: Inscription sur la grande porte de Thélème.
Chapitre 55: Comment estoit le manoir des Thélémites.
Chapitre 56: Comment estoient vestuz les religieux et religieuses de Thélème.
Chapitre 57: Comment estoient reiglez les Thélémites à leur manière de vivre.

L'architecture de ces six chapitres en hexagone reflétera l'harmonie. Thélème répond ainsi au mouvement naissant de la

Renaissance qui porte un souci particulier à l'architecture constructrice de forme ayant pour cela comme origine Dürer dans *L'art de la fortification urbaine*, Vitruve, ou Léonard de Vinci, dont l'escalier à vis sera cité dans la formation de l'abbaye. Mais Thélème est aussi un corps plein cosmique réduit dont le microcosme devra être en symbiose avec le monde. Dans la définition de l'abbaye et dans son plan, nous pouvons discerner l'image d'un corps: il s'agit d'un homme ou d'une femme couché, bras et jambes écartés et tendus, accroché par la pointe du compas dont le centre est placé au nombril, circonscrit dans un cercle et délimité par le carré. Ce corps représente un espace dans le discours, où les relations de dehors et dedans, du microcosme au macrocosme se déploient, se retournent et s'inversent constamment: les correspondances analogiques inscrites sous les couches du texte se transforment à chaque page, dans un ensemble diversifié.

> Le dessin imaginaire du corps permettrait de mieux comprendre la dénonciation de la comparaison et de l'analogie au profit d'une perception globale du corps, telle qu'elle se livre dans les images littéraires de Rabelais.[63]

Ainsi, au troisième chapitre de cette construction, le chapitre 55, le centre de l'édifice porte des éléments caractéristiques de trois fontaines placées au centre de l'édifice. Cette méthode analogique que propose l'auteur est une méthode courante: sous une couche descriptive s'inscrit alors à demi-mot un corps parcouru de divers organes eux-mêmes. Mais en même temps, le fait de tripler ce centre par les fontaines n'aboutit qu'à renvoyer sur autre chose. Le glissement, produit dans un cadre absolument stable de l'hexagone, permet à l'auteur de multiplier les possibilités de redécoupage de l'abbaye, provoquent le "jet" de possibilités: nous avons trois grâces exprimant la fécondité, dans le monde humain, mais elles représentent avant tout un corps ouvert, corne d'abondance, qui déverseront la richesse. Elles portent le "nombril" en quelque sorte de cette abbaye, un centre qui bouge. L'emplacement du centre de ces fontaines de cet hexagone pose lui aussi problème: le chapitre central de l'édifice qui pourrait être descriptif de l'agriculture, ou des salles à manger ou des parties communautaires, n'est dévolu qu'à un lieu de passage. Un blanc géographique très net apparaît donnant un espace entièrement dévolu au social, à la culture et au jeu et excluent l'ingestion des aliments, ou la production d'excréments.

Le corps de cet hexagone-femme-homme paradoxalement n'a ni

tête, ni jambes: on pourrait assimiler le corps de Thélème à celui d'une femme, ou d'un homme, mais où haut et bas feraient défaut: pour la tête il n'existe aucun détail à proprement parler d'ensemble strict régissant des lois, ou l'élection d'un maître, d'un directeur. Aucune notion du bas n'est formulée: aucune allusion sexuelle n'entre dans la proposition de Thélème, à l'exception de ces trois fontaines, aucune nourriture n'est dégustée ou consommée.

> Au milieu de la basse-court estoit une fontaine magnificque de bel alabastre: au desssus, les trois Grâces avecques cornes d'abondance, et gettoient l'eau par les mamelles, bouche, aureilles, yeulx et aultres ouvertures du corps. (199)

Comme l'exemple des fontaines le montre "les aultres parties du corps" ne sont pas mentionnées et semblent symboliser un corps complètement abstrait où la disposition des éléments et la production du texte montrent la fin d'un discours oral. Le récit produit en quelque sorte son propre lieu de narration: le texte y devient récit du corps et le corps devient récit. Le tourbillon effréné ainsi inscrit semble cependant s'arrêter un moment sur la devise de Thélème.

La description de la devise seule pourrait acheminer à la manière d'un "murmure"[64] une nouvelle ambivalence sur le corps posé. Il y a:

"Fay ce que vouldras" qui pourrait alors se lire en "fesse et cul vouldras" seule ambiguïté postulée sur tout le récit de Thélème qui ne porte que peu, ou pas de mentions pour la nourriture ou les parties inférieures du corps. Cette devise relue dans l'optique d'une autre possibilité d'écoute des sons déplace alors de nouveau l'espace où se joue Thélème, où le corps autre de ce texte en l'occurrence ici la femme est à nouveau déformé. Il faut peut-être alors commettre un acte de délit, entendons le sens du 13e siècle "plaisir" de lire le texte comme un corps qui pourrait ne pas être aussi formel que le texte semble vouloir le dire. L'utopie d'une perfection est peut-être ouverte en brèche par le sous-entendu du texte, qui postule une redécouverte et une remise en question de tout ce passage et du chapitre final "l'énigme en prophétie" emblème d'un monde nouveau qui n'est pas encore et ne serait pas l'envers de ce monde-ci. Ici Rabelais porte les traces dans son texte d'une ouverture sur le nouveau monde et de ses continents, mais en divulgue une vision utopique.

Ainsi, l'œuvre de *Gargantua* porte une brèche importante au savoir et à la formation du livre. Dans un mouvement de délecture constant, Rabelais s'attache à pulvériser des notions traditionnelles de *l'imitatio* et de la *mimesis*. L'étude de l'acheminement des chapitres a permis d'entrevoir un mouvement constant d'oscillation entre une forme traditionnelle de description et deux autres formes de construction de chapitre: les premiers arrêtant complètement la lecture, les autres, permettant une espèce de flottaison qui donne une nouvelle dynamique au récit. La fiction de Rabelais a soulevé également le problème du Nouveau monde, et de sa représentation, comme nous le verrons au chapitre suivant. Elle pose aussi un problème important, celui du morcellement du corps. Les questions de désir, fragmentation du corps et de leur résurgence obstinée marquent en effet des étapes qui trahissent une fissure de l'appréhension du corps entre la fin du Moyen-Age et de la Renaissance. Le texte de Rabelais semble s'avancer sur les "bords" du discours; les constantes oppositions des chapitres, des paragraphes, des phrases ou des mots recoupent le savoir officiel tout en tranchant sur le vif. Plaqué sur cette architecture vivante, le "sérieux" et le "comique" alternent, séduisent, et en même temps se court-circuitent. La richesse de l'érudition de Rabelais, la variété de son style donnent alors une petite idée du livre qu'il eût pu soumettre en tant qu'humaniste, s'il n'avait voulu marquer que cela, et que le comique soustrait, tout en ouvrant sur d'autres perspectives.

Chapitre 3

Morcellement du corps

Rabelais lance souvent un défi à la pensée logique; partout une vision gigantesque de l'œuvre unit des contraires, les oppose, et les amalgame dans un certain ordre, ce qui constitue à première vue un échantillon de redites, ou de non coordination, ou de non préparation. A la fois comique et profondément sérieux, le livre exprime toutes les idées colportées sur le Moyen-Age, les enfants, Dieu, etc. Il n'y a guère de sujet qui ne soit traité ou maltraité. L'art de Rabelais consiste à faire cette "unité des contraires,"[65] une unité de ces parties disséminées tout au long de l'œuvre. Les parties du corps sont ainsi dispersées dans le texte de différentes façons et forment un ensemble caractéristique d'une vision du corps au 16è siècle. A la fois recherchant le corps du Christ de texte en texte dans les méandres de ses graphes, de ses phrases, de son discours, le 16è siècle conserve l'idée joyeuse, cosmique du corps du Moyen-Age, et commence à prendre distance avec ce dernier en faisant intervenir l'idée de péché, de bienséance. Rabelais se situe au cœur de ce débat car il ne cesse de faire une unité avec le corps joyeux, mais en même temps, il dissémine ce corps à travers son texte de différentes façons; la dissémination de ces parties a pour lien le corps du géant, mais fait appel à cette "mythification" du corps du Christ cherché de texte en texte, donnant par la multitude des activités du corps du géant Gargantua la trace d'un manque. Le texte rend lisible une absence qui multiplie les productions du désir, et montre un moment de passage très important de l'époque.

Différentes parties du corps méritent en effet une attention particulière à la faveur d'un travail sur les divisions textuelles graphiques et visuelles qui marquent la technologie du livre et annoncent la création d'une littérature emblématique. Les implications sont variées, sur le plan du corps et sur celui du texte en tant que principe d'analyse. L'analyse de plusieurs segments du corps montre à la fois l'éparpillement de ce dernier souvent projeté dans tous les sens, et reflète les préoccupations de l'époque. Comme une grammaire déconnectée, chaque organe et chaque fonction d'organe opèrent indépendamment en tant qu'outils et se trouvent disséminés tout au long des textes.

The description of functions like memory and consciousness, which sixteenth-century medical science thought were related to what would be now called nervous and circulatory systems, produces magnificently comic effects of misplaced concretness.[66]

Un répertoire d'analogies et de comparaisons ponctue tout l'imaginaire du lecteur en faisant référence aux coutumes médicales courantes. L'ordre des parties, et des organes choisis indique à la fois une parodie chez Rabelais de la médecine galénique, mais en même temps, les analogies crées tout au long de son œuvre font référence au traité humain de Vesalius dans *De humani corporis fabrica* de 1543. Rabelais utilise cette analogie et cartographie détaillée du corps pour en détruire l'effet visuel et l'effet verbal. Ainsi, l'érotisation qui marque le corps est perçu autour d'une lente et constante "emblématisation" de ce corps, recherche désespérée pour le comprendre, et recherche pour trouver le corps perdu du Christ. Le corps érotisé se met en quête de mots qui vont alors proliférer, investir les lieux de la peinture, de l'écriture: ils se voilent de chiffres, se parent de dessins, de calligraphies, tout en offrant le paradoxe d'une illisibilité première. Au lecteur de pouvoir délire et déchiffrer ce qui lui est offert.

On a beaucoup écrit sur la naissance de *Gargantua*.[67] Rabelais rappelle, dans *la vie très horrificque du grand Gargantua*[68] de 1534 l'importance du corps du géant de façon cruciale, comme un leitmotiv.

Rabelais, L'Ecriture Et Le Corps

Le chapitre VI de *Gargantua* "Comment Gargantua nasquit en façon bien étrange" marque en effet un moment important dans la conception de l'écriture de Rabelais, ainsi que de dans la disposition du corps "mangeant-mangé."[69] Il entre à l'axe même de la réforme, qui postule à la fois une reconnaissance d'un retour aux symboles égyptiens – les hiéroglyphes – qui réconcilieraient la mythologie antique avec la pratique catholique, une restitution des "bonnes lettres" en quelque sorte, au seuil des temps modernes.

Le traitement du corps, et du corps de la lettre qui s'inscrit dans ce livre rappelle des notions importantes. Le chapitre se joue en effet dans une notion particulière de l'espace, où dedans et dehors du corps, haut et bas s'inversent constamment: Rabelais entre au carrefour de la tradition du Moyen-Age. Il montre par accumulation des parties du corps, son importance, et son rattachement au monde de la culture populaire du Moyen-Age. Il décrit aussi de par cette multitude de parties éparpillées, la quête pour retrouver un autre corps, celui du Christ.

A force de vouloir parler du corps, une idée se forme: celle de prendre le relais du monde qui cherche la présence du corps aimé du Christ. De Certeau parle d'une lente "mythification"[70] amoureuse, entendons par là une narration déformée et amplifiée par l'imagination populaire, une glorification de ce corps du Christ où la parole divine va petit à petit se substituer au corps aimé. Ce corps échappe cependant à tous les essais de stabilisation, tant par la parcellisation des mouvements qui virevoltent à tous les endroits du texte, comme nous le verrons, mais aussi par le but de retracer des signes peut-être invisibles dans un corps transformé en emblèmes. Une nouvelle forme d'érotisation articule alors l'espace clos de la représentation en faisant figurer et décalquer de nombreuses statues, figurines et autres formes de représentation, tout en montrant les effets de la séparation entre le corps perdu et cette obsession de vouloir le retrouver.

Enfin, la promesse d'un paradis hors de la terre et la transformation de ce corps vont imposer de nouvelles définitions et configurations spatiales, historiques et érotiques. Pierre Legendre écrit à ce propos:

L'ordre céleste s'est compliqué, parce qu'il s'est humanisé selon un code, renouvelé, de la légalité humaine. La perspective d'une métamorphose des corps, selon l'économie du salut, a transformé l'économie même du lieu céleste et changé quelques données de la casuistique morale. Il en est résulté une subtilité d'interprétation d'un type nouveau, portant sur le sort de chaque corps humain et la destinée de son image.[71]

En même temps que disparaissent certaines parties du corps, jugulées dans un refus temporel et spatial de montrer, on voit encore en 1534, date de l'apparition de *Gargantua* une forme antique de corps, corps joyeux de l'écriture et de fiction. Aussi, l'apparition de différents autres corps prendra place petit à petit et s'intégrera dans la description picturale, ou narratrice. Le corps indifférencié montre alors différentes parties réfractées dans les différents chapitres de *Gargantua*.

Si l'on regarde ainsi plus attentivement certains chapitres et plus particulièrement le chapitre VI, on s'aperçoit que le corps de Gargantua est soumis dans ce chapitre à une torsion extraordinaire. Il représente un moment spatial bien délimité dans la construction du livre. Il marque également de par la localisation de l'oreille et de l'enfantement le projet d'un renouvellement de la distribution de la naissance. La place du chapitre n'est en effet nullement gratuite. Le travail qui s'annonce ici va traiter plus particulièrement de la relation visuelle, graphique et sonore du corps de l'écriture dans *Gargantua*, de la présence du "corps" parcellisé de la naissance de ce dernier, et traiter de l'imbrication des jeux graphiques inscrits à l'intérieur du texte, véritable jeu de kaléidoscope.

Les Lettres Du Corps

Le corps de Gargantua est ainsi soumis dans ce chapitre VI à une torsion extraordinaire. Il représente un moment spatial bien délimité dans la construction du livre. Il marque également de par la localisation de l'oreille et de l'enfantement le projet d'un renouvellement de la distribution de la naissance. La place du chapitre n'est en effet nullement gratuite. Nous traiterons en particulier de la relation visuelle qui s'établit immédiatement avec la lettre G. Le rapport de la phonie et de la graphie est mis en parallèle tout au long du texte: que ce soit en contact direct, comme le contact du "corps" de l'oreille et de la naissance, ou indirectement par la forme matériellement assimilable du G à la forme de l'oreille. (voir figure # 1).

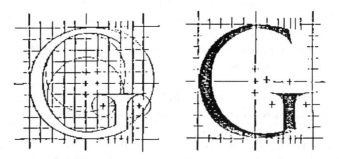

Figure 1. Lettre G de Geoffroy Tory, dans *Champ fleury* (Bourges, 1529). Courtoisie de la bibliothèque du Minnesota. *Special Collections.*

La phonie et la graphie jouent un rôle de va-et-vient qui a pour effet de multiplier à l'infini la lettre G: Ne trouve-t-on pas cette lettre dans GrandGousier, GarGamelle, GarGantua, PantaGruel, Ultrich Gallet, Gymnaste, PanurGe, Galehaut, Goliath, Gabbara, GemmaGoG, MorGan, LonGys, Gayoffe, Galehaut, MirelanGault, Galaffre? Le G qui est dérivé du phénicien "Ghimmel" et de "l'iod" hébreu, est arrondi dans la version latine. Il a été provoqué par la scission de l'œuf en un. Rabelais influencé par l'alphabet de Geoffroy Tory[72] décrit cette lettre G en étroite symbiose avec le C, mais aussi dans un carré très réglementé, où il insiste sur l'importance du compas (il faut 8 tours de compas pour l'effectuer) et de la géométrie d'Euclide. Cette lettre est également en rapport avec la 5e science, représentant la Géométrie dans les sept arts libéraux, et par sa position de "centre" est également une lettre de formation, de création et de nouvelle génération. Dans *Gargantua*, la graphie se met en place de façon redondante: elle se fait écho de personnage en personnage, entame un demi-cercle qui ne s'ouvre que une ouverture subreptice, celui du grain de la voix qui entonne l'air, et le répète, le psalmodie, faisant redondance et écho pour n'appeler qu'une forme de silence mis en scène.[73]

En effet, si comme l'affirme Montaigne dans son récit des *Essais* au chapitre I, 26, "ce que vous l'oyez vous le voyez" l'ouïe et le voir seront portés chez Rabelais à un couplage indissociable de la copie et de la redite; l'ouïe par sa nature va se spécialiser dans la saisie des soupirs et des joies, dont la langue se fera le porte parole, mais elle déformera également ce qu'elle a entendue. La langue elle aussi subira une transformation, un déchiffrage des hiéroglyphes ou un silence par manque de décodage. L'ouïe et la vue représentent également un morcellement des cinq sens: ils jouent un rôle important dans le fonctionnement humain et sont mis en valeur de façon constante dans ce chapitre. Mais voyons de plus près cette analyse du G :

Comme le remarque Jean Paris,[74] la lettre se trouve coupée géométriquement Θ coupée en son diamètre horizontal; Cette lettre est une pierre angulaire de la lettre de St Jean comme la Toison D'or. Elle génère à la fois la forme de l'oreille, mais aussi tout le tissu en colimaçon des personnages qui vont s'ouvrir sur le monde, le monde des aventures, le monde des écritures. Rabelais s'inspire toujours de la description détaillée des lettres de Tory qui projette les sons et les formes de la lettre sur une flûte pour parvenir à une harmonie et une connaissance.

> Je veulx icy encore plus dire et faire que le divin flageol de Virgile
> fera representation morale de notre ludique lettre I, a toutes aultres
> proportionnaire et pareillement a le O et feray que noz susdicts mots
> de triumphe IO, IO y feront trouuez symetriquement et
> armonieusement.[75]

Si à l'origine l'oreille est une peau où quelques cils agités par les ondes qui tiennent lieu de capteur,[76] cette peau va se trouver encapsulée dans un liquide pour attraper les sons lointains. Or, ces sons lointains se trouvent littéralement expulsés de Gargantua qui crie "à boire" "à boire," révélant ainsi au monde un propos de bon vivant, un rapport inhérent entre corps et matière, un propos comique et cosmique où le dedans et le dehors se trouvent en perpétuelle tension, en perpétuelle relation: la relation du dedans et du dehors est égrenée au travers de l'œuvre et rappelle par la forme du G un cycle naturel où la naissance et la mort se répondront et feront "corps" indissociables de la vie.

Ainsi, la naissance de Gargantua par l'oreille révèle de façon topographique un événement à la fois comique qui renverse la façon traditionnelle d'enfanter, mais pose aussi une géographie bien précise des membres corporels: ils instituent à la fois un nouveau rapport du corps et du cosmos, dont le médecin Rabelais joue. Cette naissance promet aussi une ouverture sur un nouveau monde. La découverte de nouveaux territoires par Christophe Colomb, Magellan, ou Vasco De Gama influence également le redécoupage de l'univers. Toutes ces visions, ces découvertes très différentes les unes des autres marquent à divers degrés les écrivains: elle se coupent et se superposent dans l'élaboration des textes. En même temps, toutes ces images corporelles édifient un monument, entendons un "monstrarer" de la fête. Elles représentent également un maillon engagé dans le suivant, où la vie d'un corps naît de la mort d'un autre plus vieux.

La naissance par l'intermédiaire de l'oreille divulgue également un moyen d'effectuer et de poser un corps, un corps écrit, un corps gesticulant de vie. Le tuyau auditif externe du G joue un rôle d'amplificateur acoustique dans lequel le lien intime se poursuivra entre le nouveau né et la vie. Le moyen d'accéder à la vie par l'oreille est fondé: Rabelais instaure deux façons d'appréhender le corps: ainsi, grâce à son oreille vestibulaire, Gargantua sera assuré d'un équilibre, et par l'oreille cochléaire, il pourra s'entendre et écouter les autres. Le monde pour Gargantua s'ouvre donc de façon amplifiée par une acrobatie en forme ascendante de colimaçon, à travers les intestins eux-aussi en forme de colimaçon. Le bas et le haut se répondent ici de façon visuelle, graphique sous la forme et l'inscription de la lettre G:

> Par cest inconvénient feurent au-dessus relaschez les cotyledons de la matrice, par lesquelz sur saulta l'enfant, et entra en la vene creuse, et gravant par le diaphragme jusques au dessus des espaules (où ladicte vene se part en deux) print son chemin à gauche, et sortit par l'aureille senestre. (56)

La gesticulation et la remontée textuellement graphique s'effectuent à travers un dédale de membres bien énumérés et qui participent à la découverte des différentes parties du corps. Mais, "l'aureille" inscrit également le graphème de l'or, génère inconsciemment chez le lecteur et l'auditeur une valeur extrêmement prisée. Si le côté senestre augure d'un mauvais présage en latin, Rabelais joue ici de cette superstition, l'annule en raison des différentes parodies qu'il a faites sur la naissance, comme la parodie de la naissance du Christ.[77] Le rapport métaphorique qui s'établit ainsi entre le G et le rapport en colimaçon de l'oreille est essentiellement vivant. Il pourrait regrouper deux ordres essentiels du monde tel que le 16e siècle le conçoit: un univers à l'image de l'homme, où seul Dieu est le maître détenteur de tout savoir. Ou la métaphore du G et de l'oreille pourrait également correspondre à la vision du monde en tant que chant, message, où chaque signe peut être identifié: l'imaginaire cosmique du 16e siècle hésite entre ces deux notions et ne cesse de montrer leur ambiguïté jusqu'à produire une troisième chaîne d'univers, celle des objets qui relient entre eux les extrémités, développe la technique, et aussi la rationalité.[78]

Vérité et Fiction

C'est en effet à la suite d'une énorme quantité de Gaudebillaux que Gargamelle va donner naissance à Gargantua. Le chiffre de "seze muiz, deux bussars et six tupins" se traduit en chiffres ordinaires par 16 cuves de 18 hectolitres plus 2 barriques de plus de 250 litres plus 6 pots. La lettre G tient ici un lien très étroit avec celle de *Champ fleury*. Les lettres sont pour ce dernier "si naturellement bien proportionnées que a la semblance du corps humain sont composées de membres, cest a dire de nombre, de points et de lignes consistants en esgalle partition et inegalle...." et dans *Champ fleury* la configuration du G est celle avant tout de "j'ai grand appétit." (voir figure 2).

Figure 2. Lettre rébus de Geoffroy Tory, dans *Champ fleury* (Bourges, 1529). Courtoisie de la bibliothèque du Minnesota. *Special Collections.*

Comme le montre la figure ci-dessus, le carré bien dessiné selon la géométrie d'Euclide et de Charles Bouville souligne l'importance que Tory attache aux perpendiculaires, et au centre du dessin.

> Je remes doncques à mon propos et des qu'entre noz lettres Attiques qui sont en nombre XXIII c'est à savoir, A, B, C, D, E, F, G, H, I, K, L, M, N, O, P, Q, R, S, T, V, X, Y et Z. En y a qui sont plus et endues en largeur que les aultres; car il y en a qui son eté dues à onze poinctz qui fon et dix corps come A, D, H, K, O, Q, en tete, R, V, X et Y; celles sont aussi larges que haultes, c'est à dire, quelles sont contenues et designées en une superficité equilateralle, diminuée, comme j'ay dict cy dessus, en quinze lignes perpendiculaires, et en onze aultres lignes traversantes et equilibrées.[79]

Le centre du dessin devient donc dans cette figure 2 l'axe du G permettant alors de prendre ce centre pour dessiner le A, formé comme une pyramide: "Cette lettre A, parcequ'elle est fermée et formée comme une pyramide demande un coup transversal plus bas que la ligne centrale."[80] La particularité de ces deux corps de lettres ainsi calligraphiées pourra permettre de voir que le centre de ce carré laisse échapper, malgré la construction très rigide et précise, un "point de fuite."[81] Ce point central, point qui ne débouche pas sur le A est mis en valeur. La mise en relief visuelle de ce jeu se prolonge dans la répétition abondante de la forme du G disséminé dans tous les noms, mais aussi dans le renversement de la naissance de Gargantua, par une partie du corps. Rabelais lui aussi retourne le centre et joue sur la superposition visuelle et calligraphique de l'oreille et du G, parodiant de façon idéologique sur les schémas de Tory. Il introduit une allusion codée qui va même se prolonger dans l'imbroglio des chiffres: dans ce chapitre, on propose à Gargamelle pour son accouchement, qui a lieu après onze mois, l'aide de "quatre bœufz" et des "tas de sages femmes": ces dernières ne sont apparemment pas suffisantes puisque l'une d'elles plus habiles que les autres de "Brisepaille d'auprès Saint Genou devant soixante ans" vient l'aider. Pourquoi soudain l'alternance de tous ces chiffres? Sinon pour instaurer un brouillage du fil de lecture? Faire appel à l'inconscient du lecteur qui se voit arrêter par les jeux de mots tout au long du discours comme celui de Cinq Genous. Le G là aussi renvoie à Gargamelle, ou au gramme élément mathématique inséré au sein même du nom Gargamelle: le mot "gamelle" écuelle métallique de l'italien "gammella" agit comme un déclic qui force à se tourner et à se retourner. C'est donc par accumulation de chiffres disproportionnés que Rabelais sature ici son texte pour illustrer de façon graphique la proportion des géants, faire sourire le lecteur.

Ces nombres, tout à fait irréels, accentuent la rupture de la lecture. Le rapport entre la lisibilité et l'illisibilité s'accroît; il en résulte un effet comique très travaillé, où le lecteur devra voir et lire le texte dans une matérialité qui s'inscrira et s'auto-détruira à chaque tournant de page, à chaque chiffre surajouté, ou à chaque description proposée. Ainsi, l'accumulation de chiffres précis pour la naissance de Gargantua, comme la date du 3 février, peut préfigurer visuellement une oreille renversée: c'est une date précise qui annonce la déformation gigantesque de 11.913 vaches pour "allaiter" l'enfant ou qui garantit la continuité avec le nombre de Gaudebillaux ingurgités par Gargamelle. L'alternance de chiffres précis ou imprécis fait entrevoir un gouffre, celui de l'oreille, ou celui du gouffre géant de l'écriture. Cette succession de nombres maintient tout au long du texte un mystère, celui de la poétique. Le leurre qui est donné dans les graphes et les sons introduit une rupture avec un monde, provoque un rire. Ce rire promulgue aussi une ambivalence tant au point vue de la grandeur, que de la quantité de ces signes, ou de leur insertion dans le texte. Les chiffres agissent en tant qu'obstructionnistes d'un monde qui change. Si le gouffre de l'obscur surgit malgré l'exactitude des inserts et de la redondance, ils entraînent avec eux un potentiel de démesure que Rabelais déplace et replace tout au long de l'œuvre. Le chiffre 6 donne également approximativement l'image de la forme de l'oreille: il visualise l'oreille du géant, créant une espèce de gouffre dans le gouffre. Il projette sur le papier une nouvelle attitude du corps, qui est à la fois parcellisée et rencontrée à chaque tournant de page. L'auteur donne une vision de ce corps par la déformation de plusieurs moyens, mais il insère aussi ce chapitre après le prologue et les propos des bien yvres, en lui donnant une nouvelle résonance par rapport à la naissance de Pantagruel: dans son premier livre, Rabelais n'attache pas autant d'importance à la naissance proprement dite du géant, mais plutôt sur les émotions de Gargantua.

Le corps de l'écriture se trouve ainsi ancré dans un silence pesant: si les chiffres s'appellent de page en page et tracent de façon différente un univers illimité mathématique, ils offrent de plus un vide qui engloutit à la fois le sens des mots et le sens des rumeurs. Ce silence propose tout un autre ensemble de relations.

Ce texte de la naissance où les chiffres s'accumulent fait d'ailleurs écho au chapitre consacré à l'habillement de l'enfant. Ils détermineront un monde régi de valeurs où des sommes immenses représenteront autant d'affirmations de la toute puissance scripturale, parfaitement maîtrisée et révélée par l'or énoncé de façon sous-jacente. En effet, "L'aur" et la forme de l'oreille, et par analogie l'épithète "au roy" s'appellent dans ce chapitre de façon visuelle, impliquent une torsion au texte, également reprise au chapitre 8. Dans un effet de sérialité, le texte réitère de différentes façons les parties du corps égrenées tout au long du texte, les forme et les déforme à tout moment donnant une image parcellisée du corps de l'histoire et du corps du géant:

> Pour sa chemise furent levées neuf cents aulnes de toile de Chasteleraud, et deux cent pour les coussons en sorte de carreaux. (59)

Ou plus loin dans le même chapitre:

> Pour son pourpoinct furent levées huyt cent treize aulnes de satin blanc, et pour les agueillettes quinze cens neuf peaulx et demye de chien. (60)

"L'or" de l'oreille provoque un jeu presque illisible et inaudible. Rabelais pose l'immensité d'un espace à découvrir, où graphèmes et nombres jouent un rôle d'écho, que l'auteur assurément met en relief sur la scène de l'écriture pour amplifier les sens du récit. Il fait ainsi dévier par des digressions, ou des enclaves une trame qui retrouve un ressort dynamique dans le texte.

Les différentes enclaves dans le chapitre de la naissance de Gargantua s'accumulent. On peut en dénombrer dans ce chapitre 6 :

Une introduction qui rappelle l'état de Gargamelle,
Un dialogue entre Grandgousier et Gargamelle,
Les difficultés de Gargamelle,
L'aide qu'elle reçoit,
Les détails de la naissance,
Les considérations de l'auteur,
Les interrogations,
La conclusion de l'auteur.

Dans chacune des enclaves, le ton est différent, soit comique, ou sérieux dans la description des douleurs. Mais toutes ont la particularité de se terminer sur une ouverture, comme en colimaçon de l'oreille. Elles cristallisent la présentation d'un texte pratiquement inaudible ou illisible, de par la multiplicité des changements de ton ou de personnage, et elles donnent à la trame du récit un nouvel "entendement." Si le chapitre se termine d'ailleurs sur le mot "entendement," c'est qu'il permet une petite sortie vers un ailleurs, un ailleurs d'un autre chapitre qui répondra plus loin à ce dernier. S'il s'arrête sur ce nom, c'est pour mieux permettre à l'auteur de chercher d'autres voies et de cultiver une multiplicité renouvelable. Le mot "entendement" reprend d'ailleurs le premier mot du chapitre "Eulx tenens," en se rapprochant du premier mot par le graphique des lettres et par les sons; il produit aussi une autre forme et ne boucle pas complètement la circularité du chapitre.

Anamorphoses Du Texte

Tout se passe à la manière d'une spirale mathématique, décrite d'ailleurs dans le livre de Dürer, dont l'influence et la "redécouverte" de l'art grec et des proportions dans sa *Théorie des proportions humaines* a bouleversé les rapports avec l'art, la nature et la compréhension des formes. Dans sa "retraduction" de l'antique via l'influence des italiens et du *Quattrocento*, Dürer expose dans son *Manuel de Peinture*[82] une version très élaborée tant de la perspective dont Vitruve avait déjà noué des liens importants dans *De Architectura*, que de l'élaboration de formes géométriques complexes. Dürer détaille des procédés de mesure dans un but d'éclaircissement des dimensions et proportions pour les peintres sur la formation de l'alphabet, ou de colonnes, de cubes, de solides, etc., mais aussi dans le désir d'arriver à une harmonie juste et parfaite. Dans la figure 3 ci-dessous, l'étude systématique qu'il entreprend sur l'étude du colimaçon et de la spirale montre une influence de Tory pour l'alphabet (dont il s'inspire et se détache en ne donnant pas de commentaire spécifique sur l'analogie du corps et des lettres) et d'Alberti dans *De Pictura* de 1540, dans la reprise des formes en tourbillons et en damiers. Dans cet exemple-ci, Dürer projette une non fermeture de la spirale: Rabelais s'en servira pour faire épouser la forme de l'oreille à un G et par voie analogique, il développe un rapport de tension entre le mouvement et la forme de l'oreille, et le mouvement et la forme des lettres. Cette contraction qu'exerce le corps de l'oreille inflige ainsi au corps du texte une anamorphose qui dessine dans l'espace l'abondance et un univers infini. Ainsi, l'enroulement du chapitre 6 autour de l'oreille et dans l'espace du début du livre ainsi que sa non clôture permettent de visualiser une remontée et une ouverture sur les chapitres suivants, qui vont projeter et reprendre les notions de tourbillons de mots, de graphes, d'images dans un univers qui se veut alors en pleine expansion. Sous l'influence de la réforme, les théologiens vont d'ailleurs reconnaître aux sens une liberté surveillée contrôlée, mais importante de l'image, à la différence des catholiques qui donnent à la visualisation une très nette importance. La confrontation des images[83] existe cependant et leur rapport avec la lecture et le déchiffrage des signes importe tout autant à Rabelais qu'à Dürer.

59

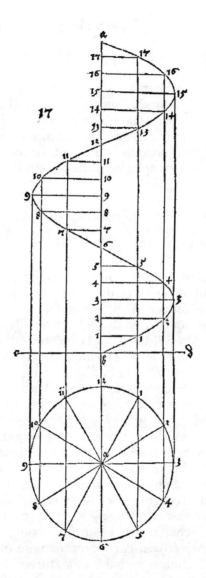

Figure 3. Albrecht Dürer, *The Painter's manuel*. Courtoisie de
The Grolier Club.

60

Visions Plurielles

La relation étroite du dehors et du dedans vue de façon déformée à travers le jeu de l'oreille et du G pose l'éternel recommencement du cycle naturel de la naissance, de la vie et de la mort. Le retour à la terre par l'intermédiaire du corps né de l'oreille met en avant un réseau de signifiants et de signifiés redéfinis, celui d'un monde où le corps change, se voit différencié, où écriture et corps ne s'associent plus. L'architecture "vivante" de l'écriture met en forme tout un ensemble de réseaux complexes que le lecteur devra déjouer, relire à tout instant:

> L'ambiguïté et les infinies combinaisons de ce jeu entre le peintre et la mode sont les signes de la liberté créatrice et de la mobilité inventive du regard sur le corps.[84]

La perte du corps, celui du Christ, transforme tous les rapports du chrétien et du monde. Le corps de l'écriture se modifie et s'augmente de calligraphies, d'emblèmes, qui pourraient être ici les enclaves dans ce chapitre 6 et va tourner en dérision ce qu'elle marque. Ici le texte ne se veut pas sérieux. Il trace par la présence d'une autre partie du corps, celui de l'oreille le déplacement du corps traditionnel, mais aussi, il tourne en dérision le lieu qu'il marque. L'estampille qu'il donne au corps reflète alors un passage à une nouvelle époque, et montre ainsi plusieurs possibilités de lecture. Ce travail de Sisyphe que nous impose le texte, grâce à la capture des rébus à la dé-lecture et au déchiffrage postule une remise en question des connaissances tel que le veut Rabelais, ceci par l'intermédiaire du rire. Mais ce travail de Sisyphe devra se poursuivre tout au long de la lecture de Rabelais, car l'œuvre change en même temps que se découvre ses charmes, et nous reprenons ici le sens fort du mot, tel que le ravissement du moment du langage et de sa création.

La lecture de ce chapitre ouvre sur une vision, sur ce qui a de plus silencieux chez Alcofribas. Par l'intermédiaire de combinaisons de graphies, de redondances verbales et auditives, le texte entame une ouverture sur un jeu spéculaire, où les mises en abîme généralisées portent sur un corps en plein tourbillon, toujours là, mais toujours absent.

Le passage de ce corps joyeux à l'édification et à la représentation d'un corps autre que le Christ, qui se cherche de page en page pose alors les problèmes de définition du corps vis-à-vis de soi et des autres, ainsi que celui du roi, également corps symbolique de la autres, ainsi que celui du roi, également corps symbolique de la nation, supposé triompher du temps par la lignée qu'il produira. S'il fait corps au verbe, l'écrivain fait du verbe son propre corps et produit alors *Gargantua*, corps monstrueux étonnant et infini.

Le Déploiement Du Corps; Chapitres 7 et 13

Le déploiement des parties du corps se déroule dans tous les chapitres, comme si les parties étaient à la base considérées comme des tourbillons. Pour le chapitre 7, par exemple, on s'aperçoit que la façon dont Gargantua est nommé est en étroite corrélation dans le chapitre avec la dédicace du nom générique. Tout au moins comme semble vouloir nous indiquer le titre. "Comment le fut imposé à Gargantua et comment il hummoit le piot." Or le prétexte du nom et de sa dénomination est directement corrélé avec la façon dont Gargantua sent les flacons. Le nom devient le symbole en quelque sorte du petit garçon qui aime boire "que grand tu as" et montre un désir non pas de la mère, évincée, mais un désir primaire d'alimentation dont Rabelais joue jusqu'à l'extrême en renforçant le thème, montrant par le rire un renforcement du nom.

Dans le passage ci-dessous, la résonance des sons O et OI, allusion directe du mythe de IO et de l'écriture de Tory,[85] s'accommode de la rondeur de la bouteille et donne une image de flacon disséminé à travers tous les mots.

> Une de ses gouvernantes m'a dict, jurant sa fy, que de ce faire il estoit tant coustumier, qu'au seul son des pinthes et flaccons il entroit en ecstase, comme s'il goustoit les joyes de paradis. En sorte qu'elles, considérans ceste complexion divine, pour le resjouir, au matin, faisoient devant luy sonner des verres avecques un cousteau, ou des flaccons avecques leur toupon, ou des pinthes avecques leur couvercle, auquel son il s'esguayoit, il tressailloit, et luy- mesmes se bressoit en dodelinant de la teste, en monichordisant des doigtz et barytonnant du cul. (59)

Les O dans ce passage représentent un centre important et spécifient un abîme où les sujets convergent et tombent, c'est-à-dire dans la bouteille. Ils représentent une matérialité de la bouche, reprennent en écho le chapitre 5 des propos des bien Yvres, et donnent une plasticité au texte, qui déferle avec bon nombre de termes se dispersant dans tous les sens; Rabelais parfait à tout moment un bon mot, insiste dans le choix de son vocabulaire pour laisser entendre ce mot de façon, et lui donner une nouvelle énergie.

Ainsi la répartition de ces graphèmes fait déplacer le corps du héros de façon comique et de façon multiple "s'esguayoit, tressailloit, bressoit en dodelinant de la teste, en monichordisant des doigtz et barytonnant du cul." Il en résulte un effet de rire, qui accentue l'effet de "point de fuite"[86] de chaque mot. Ce point de fuite résulte en effet de l'accumulation des graphèmes mais aussi sur un jeu constant d'ambiguïté sur les mêmes mots. Les valeurs sautent de mot en mot, déplacent les centres OI vers un ailleurs infini, inconnu. L'espace où s'effectuera ces transformations est l'intérieur du cadre de la page, mais les limites ne sont là en quelque sorte que pour y être passées et poursuivies de page en page; elles peuvent être transgressées. Elles particularisent la relation vers l'extérieur, cet inconnu et montrent une adhérence totale de Rabelais pour un détournement des voies traditionnelles de l'écriture.

Ce même procédé sera repris comme un effet de miroir dans les propos du chapitre 11 intitulé "De l'adolescence de Gargantua." La place du pénis dans ce passage se retrouve non seulement dans le mot "avecques" à tout moment, mais l'hymne au membre masculin se trouve agrémenté de jeux et de surenchères, devient fétiche, et s'entend appeler sans cesse au détour des mots et des contrepétries.

> Et sabez quey, hillotz ? Que mau de pipe vous byre ! Ce petit paillard tousjours tastonoit ses gouvernantes, cen dessus dessoubtz, cen devant derrière- harry bourriquet ! – et desjà commençoyt exercer sa braguette, laquelle un chascun jour ses gouvernantes, ornoyent de beaulx boucquets, de beaux rubans, de belles fleurs, de beaux flocquars, et passoient leur temps à la faire revenir entre leur mains comme un magdaléon d'entraict, puis s'esclaffoient de rire quand elle levoit les aureilles, comme si le jeu leur eust pleu. (73)

Rabelais joue avec cette partie du corps, en donnant alors prétexte à un autre jeu de mots sur le nom. Le mot affiche ainsi un surnombre de dénominations, et devient l'élément principal du texte.

> L'une la nommoit ma petite dille, l'aultre ma pine, l'aultre ma branche de coural, l'aultre mon bondon, mon bouchon, mon vilebrequin, mon passouer, ma teriere, ma pendilloche, mon rude esbat roidde et bas, mon dressouoir, ma petite andoille vermeille, ma petite couille bredouille. (74)

Le jeu sur les mots et leur prolifération provoque le rire, et un brouillage du fil de la lecture. Les mots résonnent pour le plaisir de résonner.

L'Invention Des Torcheculs

De même, au chapitre 13, Gargantua inventera 63 torcheculs. L'étude du chapitre semble accumuler les niveaux: une étude approfondie démontre qu'il n'en est rien. Tout d'abord, le choix du chapitre à la place 13 est soigneusement faite. Le chiffre 13 est un choix peut-être irrévérencieux aux superstitions comme le fait d'être 13 à table,[87] mais fonctionne également dans la dynamique du supplément, de l'extra, comme le supplément que l'on donne à la douzaine et pour le même prix. Le passage ainsi situé montre une espèce d'excroissance, de supplément satirique et comique de 63 trouvailles de torcheculs. Il établit un autre rythme, un autre souffle. Il corrobore d'une autre façon l'ingéniosité de l'enfant qui démontrait grâce à ses chevaux le pouvoir d'imagination. Ici, dans un autre ordre, mais qui est en fait toujours le même, celui de faire parler le géant, le chapitre accumule les bons mots narratifs, mais dans un domaine où non seulement l'imagination, mais aussi le bon sens se développent dans les propos.

L'épisode des chevaux factices agit comme prélude et instigateur des scènes que nous allons décrire. Si l'emblème des chevaux se produit grâce, par exemple à la disposition de vers latins, de paragraphes, le chapitre découvre une complexité d'enclaves.

Ainsi, le premier paragraphe retient l'attention du lecteur: le petit garçon âgé de cinq ans se comporte comme un enfant créatif. Les mots caractéristiques qui vont se répartir à travers tout le texte concernent le premier mot du paragraphe "sus," qui sera traité à la fois comme une poursuite "sus à l'ennemi,"[88] mais aussi on peut sous-entendre "sur" la préposition qui met en exergue tout le jeu de Gargantua à propos des torcheculs. La préposition devient l'instrument de navigation, qui permet l'accomplissement de la chose. Elle sera en étroite corrélation avec un autre son dans le mot *guarson*. Ces deux mots seront constamment réitérés dans le texte à la manière d'un suçon qui happera le texte à tout moment. C'est en effet la première fois que le mot *guarson* est employé dans le texte, à la fois pour provoquer les jeux d'homophonie et de bruit avec *sus* et *oyson* que nous verrons dans un instant, mais aussi pour ramener le discours du géant dans des proportions plus normales, et donner une "véracité" plus importante à un enfant de cet age. L'enfant devra confronter des rapports qu'il n'avait pas encore envisagés: rapports

64

entre création et géant, mais également rapport entre temporisation et création. L'accumulation des nombres de torcheculs au nombre de 63 arrête à tout moment le récit et retarde le dernier raisonnement de l'enfant face à son père. Cette temporisation garantit à la fois une dynamique dans le récit et permet un jeu créatif qui joue à la fois sur la diversité des éléments proposés, mais en même temps sur leur côté invraisemblable.[89] Comme le souligne Alfred Glauser "la solution doit être préparée par l'ambiguïté et retardée indéfiniment par le nombre des moyens."[90] Ces moyens, comme le montre Jean Paris[91] peuvent être désarticulés en moyens usuels, ou possibles ou impossibles, ou très improbables.

L'alternance renouvelle à tout moment le récit dans un apparent imbroglio d'inventions surdéterminées.

> Je me torchays une foys d'un cachelet de velours de une damoiselle, et le trouvay bon, car la mollice de sa soye me causoit au fondement une volupté bien grande:
> Une aultre foys des aureillettes de satin cramoysi, mais la dorure d'un tas de sphères de merde qui y estoient m'escorchèrent tout le derrière: que le feu sainct Antoine arde le boyau cullier de l'orfebvre qui les feist et de la damoiselle que les portoit ! (77)

Or les trois éléments qui sont généralement représentés sont soit d'ordre végétal comme les feuilles, la sauge, le fenouil, la marjolaine, soit de texture tissée comme le velours, la serviette, le couvre chef, soit d'ordre animal comme la poule le coq, la peau de veau, de lièvre ou de pigeon ou de cormoran. Ces matières sont donc constituées en perpétuelle opposition et font apparaître à tout moment leur contradiction. Elles visualisent les torcheculs, montrent la texture du texte à tout moment. La déréalisation des torcheculs ne semble alors pouvoir provenir que de ces trois matières; elles représentent une source infinie d'inventions; à chaque tournant de phrase, de nouveaux jeux sur les mots cachent le fil conducteur et révèlent la trame narratrice.

> Car le négatif se trouve ici nanti d'un pouvoir à la fois prospectif et rétrospectif de dévaluer les éléments auxquels il s'associe. Pour ruiner l'ensemble, il n'est pas besoin de le conduire graduellement à l'évanescence: il suffit d'introduire à ses points d'articulation quelques termes dont l'absurdité fasse douter de la solidité des autres.[92]

Les jeux du corps

Si cette solidité se voit effritée, elle représente une partie du texte qui se cherche, qui se parcellise et s'augmente à tout moment de quelque objet fétiche. Le fétiche correspond en effet à un manque de l'objet perdu, et devient obsessionnel pour pourvoir suppléer à ce manque, cette castration. Cette castration peut provenir du fait que l'écrivain opte d'écrire sous le manteau, en cachette, sous le nom de Alcofribas. Le texte-même marque une certaine déroute de l'écriture traditionnelle, où la citation des anciens, les références bibliques, perdent petit à petit leur poids et se retrouvent au 16e siècle ébréchées et émiettées, copiées et recopiées. L'écriture de Rabelais est à la conjoncture de deux mouvements; dans l'invention des torcheculs, Rabelais renouvelle à la fois le jeu de l'écriture en instaurant une forme d'invention, mais il dégage de cette invention le moyen d'engendrer une poétique nouvelle, en construisant et auto-détruisant la trame qu'il entreprend pour montrer que l'écriture tourne autour du désir de montrer autre chose. Ensuite, la prise du domaine langagier par l'enfant garantit à l'auteur une fraîcheur, signale le commencement d'une ère, et instaure un côté plus vraisemblable pour faire rire et en même temps émerveiller Grandgousier ou le lecteur devant les jeux verbaux. La construction du chapitre découvre alors petit à petit le génie de l'enfant, mais voit dans la surmultiplication des découvertes du torcheul s'instaurer une rupture avec les textes. Elle propose à chaque instant une redécouverte du monde langagier par l'intermédiaire d'un géant, encore enfant qui va focaliser son attention sur la description de cette partie. La multiplication évoquée d'organes sera également mentionnée dans d'autres chapitres comme une espèce de récurrence informelle qui résonne de chapitre en chapitre à travers certaines séquences: celles-ci trouent l'espace graphique et matériel de la page dans une espèce d'appel à la recherche d'un corps unifié, celui du corps du Christ.

De même, le chapitre 23 va marteler la quête du corps dans un déploiement de mouvements directement influencé par l'activité des humanistes. Cet épisode met en scène l'éducation des humanistes. Une première lecture met en relief l'importance des activités orales. Dans une deuxième lecture, le lecteur s'aperçoit que le surnombre de ces activités orales accroît l'expansion et le dynamisme du corps, qui devient une source d'inspiration des mots, et des jeux.

Si l'adverbe *Comment* ouvre sur un chapitre qui doit être sur l'éducation, il n'en est pas moins vrai qu'il résonne à la matière d'une prière, notamment à cause de la psalmodie de l'adverbe en incipit, mais aussi grâce à la jointure de tous les adverbes en tête de chapitre. La litanie écrite de toutes les activités trouve son écho dans la cacophonie des adverbes, martelés pour chaque activité.

Quand...
Pour doncques,
Pour mieux
Après,
S'éveillait doncques,
Puis allait,
eux retornans,
Ce faict,
Puis par troys
Ce faict,
Tout leur jeu
Cependent
Au commencement
Lors
Après
En ce moyen...

Le Gouffre Buccal

Ces locutions temporelles et adverbes s'ouvrent sur une série d'activités qui s'enchaînent les unes à la suite des autres, sans aucune brisure, comme un souffle expulsé du gouffre de la bouche de Gargantua, et qui parvient à son oreille, ou à l'oreille du lecteur; le G de l'oreille fait aussi référence au G de "j'ai grand appétit" de Tory. Mais cet ensemble de prépositions décalque les mouvements in extenso de Gargantua, où la multiplication des disciplines renvoie constamment à l'espace des cinq sens de l'ouïe, la vue et le toucher, le sentir et l'odorat.

La reproduction des activités sur le "réel" imprime au corps de Gargantua un rythme continu sans aucune perte de temps. Ces exercices relancent le dynamisme du chapitre. Les répétitions des noms, des activités et des adverbes infusent au texte un brouillage de lecture, qui ne fait que s'amplifier pour atteindre un silence, ou une mise en scène du silence. L'ouïe et la vue se brouillent et s'embrouillent dans un tourbillon d'activités, qui ne cessent plus, dans des graphies et des sons pratiquement illisibles et inaudibles:

Se esbaudissoient à chanter musicalement à quatre et cinq parties, ou sus un thème à plaisir de gorge, Apprinct jouer du luc, de l'espinette, de la harpe, de la flutte de Alemant et à neuf trouz, de la viole et de la sacqueboutte, Jectoit le dart, la barre, la pierre, la javeline, l'espieu, la halebarde, enfonceoit l'arc, bandoit es reins les fortes arbalestes de passe. (110)

Mais aussi à l'intérieur de chaque strophe, différentes lettres se répètent et semblent s'opposer pour construire un mouvement d'absorption et d'expulsion. Ainsi le O: "Nageait en parfOnde eaue, à l'endrOict, à l'envers, de cOusté, de tout le corps, des seulz pieds".

Plus loin le son **OI** et **AI** et **O**:

Issant de l'eau, rOIdement montOIt en encontre la montAIgne et dévallOIt AUssi franchement ; gravOIt es arbres comme un chat, sAUltOIt de l'usne à l'AUtre comme un escurieux, abastOit les grOs ramAULx... (110)

Cette liste d'activités est entonnée et chantée d'un air continu, un air, dont les paroles, la musique, et la disposition architecturale du texte évoquent les cantiques; en effet, la récitation des activités peut être déroulée à la manière d'un chapelet ou comme un "rosaire," ou encore "psautier"[93]: ces trois termes désignent la récitation continue de cinquante ou cent cinquante *Pater* ou *Ave Maria*, comme les moines du haut Moyen-Age pouvaient en réciter, et dont l'introduction par Alain de la Roche invitait à la méditation des "mystères" de la vie de Jésus et de Marie. Cette forme de récitation établie et insérée au cœur du texte calme d'une angoisse individuelle au sujet du salut personnel, grâce à une répétition des sons et des noms, et elle invite de par sa structure et de ses sons à une méditation. Ce rôle du chapelet, connu des musulmans et repris en usage dans la tradition catholique permet par l'attouchement de petits boulets reliés entre eux par un fil de mémoriser le nombre de prières et de mémoriser le texte ici. Le nombre de la lettre O s'harmonise avec la rondeur des boules de bois du chapelet, aide la continuation de la prière, l'incipit des adverbes dans le texte assurant le passage et le lien à l'ossature des autres paragraphes, et à la musculature du géant.

Mais cette litanie pourrait être également conçue comme une parodie des aventures du Christ. Rabelais laisse une béance grande ouverte, en multipliant les possibilités d'interprétations. Cette récitation pourrait aussi exprimer dans sa surabondance lexicale, une perte, la perte du corps du Christ, dont l'histoire collective se nourrit. Le passage au monde de la Renaissance s'effectuerait alors par une brisure radicale, tout de suite masquée par les chants corporels du texte, qui essayent de recouvrir le silence établi, cette multitude de chants ne proférant cependant qu'une multiplication de silences, et de démembrements du corps de Gargantua. Ceci dans un rire déployé à tous les niveaux.

Cette démesure des activités établie pour un géant provoque d'autant plus le rire que la multitude des jeux et exercices physiques, intellectuels ou manuels devient matériellement impossible; en une journée, et même pour un géant, il serait impossible d'accomplir tous ces actes. Rabelais accumule les détails pour faire rire, et par ce rire, il montre l'amplitude des activités humanistes, en contraste avec les autres mauvais éducateurs. S'il déforme à tel point le temps, c'est aussi qu'il se laisse entraîner par l'écriture des sons, des graphèmes, des rythmes des phrases: les bruits, les couleurs verbales, la ponctuation possèdent la majorité de l'espace.

Ensuite, chaque enclave représente un contenant qui pourrait mettre en doute la validité de son contenu. Le langage éclate. En énonçant une telle liste, Rabelais rompt lui-même avec la manière dont l'*imitatio* (la référence aux anciens) et la *mimesis*[94] (qui montre les ficelles du texte) sont entrelacées, pour parer son livre de leur complémentarité. En faisant rebondir langage et activités de paragraphe en paragraphe, l'auteur insiste sur les mouvements, qui s'échappent tel un ressort, sans aucun lien apparent entre eux. L'ensemble de ces activités construit une ossature souple et rythmée, dont chaque paragraphe-vertèbre s'emboîte par l'ouverture constituée par les adverbes.

Le Corps En Montre

Enfin, l'alternance du dehors et du dedans témoigne d'une culture où rire et carnaval font partie de la vie courante, où les rayonnements des images emblématiques des corps déploient un sens de la fête un "monstrare," où le maillon d'une chaîne s'insère dans un autre, où le cycle de la vie et de la mort apparaissent constamment. Le fait de boire une purge, recommandée par Ponocrates permet une extinction du vieux savoir, vers une renaissance, une renaissance de joies, et d'activités. Les nourritures terrestres et spirituelles digérées trouvent leur contrepartie immédiate dans l'excrétion des déchets, et des pertes de l'écriture.

Le texte ordonne les activités du corps avec une kyrielle de jeux et de mouvements: la musculature du géant devient alors une espèce de "métaphore" du langage et inversement. Les exercices restent ni plus ni moins un exercice de style, où Rabelais montre toute son ingéniosité verbale. Ils trahissent les moments de la composition du livre. De ce fait, le cadre et la diversification des activités posent alors le problème d'un asservissement au texte et au jour; en effet, ou réside la liberté d'entreprendre ces diverses activités, si ces dernières doivent être faites dans une espèce de rythme forcené? Et pourquoi tant d'activités? Rabelais insiste sur l'accumulation des jeux et exercices, non seulement pour montrer les dangers des extrêmes, mais également pour faire rire: c'est un rire qui s'ouvre toujours sur un ailleurs. L'écrivain joue dans les méandres du texte à dérouter le lecteur et le laisser sur sa faim; faim de rire, faim de poursuivre la lecture. Le rébus "J'ai grand appétit" tel qu'il se voit dans *Champ fleury* reprend la torsion du corps du texte et de l'écriture infligeant à cette dernière l'expulsion d'un souffle, peut-être celui du texte: il s'entend psalmodier et déformer vers un univers infini, ou pourrait se voir absorber dans le gouffre de l'oreille (le G pouvant représenter une oreille[95]) ou le gouffre stomacal (de par sa forme, le G possède une poche qui pourrait symboliser l'estomac). Le "j'ai" est aussi le signe de l'abondance, celle de l'écriture et des sens multiples. Le nombre de possibilités qu'ouvre cette lecture entre image/texte/sons éparpille les sens, et provoque une boulimie de jeux.

Ensuite, la relation étroite du dehors et du dedans vue de façon déformée par l'ossature du géant pose l'éternel recommencement du cycle de la naissance, de la vie de la mort. Naissance vers une autre culture plus humaine, vie de tous les jours construite de façon architecturale, et mort de ses activités, dû à leur surnombre.

Les Salades Du Corps

Si l'on continue l'étude du morcellement des corps à travers l'œuvre de Gargantua, la place du chapitre 38 est caractéristique d'un monde qui change et marque une trace importante de la disposition spatiale du corps.

Les pages qui suivent traiteront en particulier de la relation visuelle, graphique et sonore déplacée du corps de l'écriture du chapitre 38 de Gargantua intitulé "Comment Gargantua mangea en sallade six pèlerins." Ce passage met en scène le problème de ce corps complètement déplacé et mu dans tous les sens, opérant un véritable ancrage des valeurs populaires du haut et du bas. Ce texte met aussi en relief un jeu de kaléidoscope reflété et morcelé à travers les graphèmes et les phonèmes.

Pourquoi tout d'abord le choix de ce chapitre en particulier? Creusé au milieu du livre, il ouvre une redondance narrative au chapitre 32 de *Pantagruel*. Symétriquement encadré par le chapitre 37, qui pose le problème des boulets tombés des cheveux, et celui des propos de table au 39, il démarque dès l'incipit, une surenchère de chiffres sur la feuille blanche et donne une direction à l'écriture. Cet assemblage numérologique semble n'être en fait qu'une signature d'une marqueterie dont rend compte l'intertextualité.

> La meilleure réponse que nous puissions donner à ceux qui pourraient nous accuser de "surdéchiffrement" tient au processus de notre démonstration: nous tenterons en effet de montrer que la "conjointure" numérologique n'est que la signature, le "chiffre" proprement-dit, d'une conjointure beaucoup plus profonde et dont rend compte, aux niveaux thématique, structurel et métalittéraire, l'intertextualité du Pantagruel.[96]

Le titre assigne un espace, qui invite le lecteur à sourire du propos. Il commence par la lettre C, qui comme Geoffroy Tory[97] le stipule est formé comme la lettre O mais se trouve brisé. Composée de 6 cercles inscrits par le compas et de deux lignes droites, la lettre C dessinée dans son carré, comme le montre la figure 2, se définit à partir du O, lettre coupée en deux pour expulser un souffle. S'il ne faut pas moins de 6 centres comme l'affirme Tory pour la créer, c'est que le lieu unique disparaît au profit d'une multiplication de centres, six exactement, qui pourraient figurer comme les six pèlerins expulsés. Le glissement du noyau montre ainsi des aventures et non plus une aventure unique. Le chiffre six est d'ailleurs un écho du chapitre 6 , où l'on apprend comment Gargantua naquit par l'oreille. C et G se font écho comme les chiffres. Ce précis des chiffres alterne d'ailleurs avec une foule de chiffres complètement farfelus: il ne faut pas moins de "seze muiz, deux bussars et six tupins" comme nous l'avons vu précédemment pour que Gargamelle puisse enfanter, après 11 mois. Les nombres maintiennent l'idée de grandeur et de quantité à travers le livre, ils agissent en véritables écrans: ils introduisent dans les couches du texte un véritable relief et ils assurent un retard constant sur la lecture, puisque le lecteur devra reprendre plusieurs fois le texte pour déjouer la trame narrative. L'essentiel de l'espace est ici octroyé au signifiant. Le précis devient flou, les nombres génèrent la confusion, introduisent une opacité dans un monde de l'exactitude, entraînant le texte dans un tourbillon gigantesque.

71

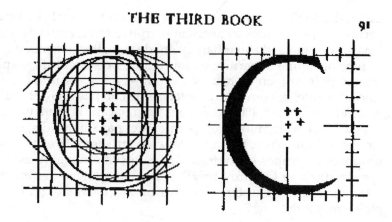

Figure 4. Lettre C de Geoffroy Tory, dans *Champ fleury* (Bourges, 1529). Courtoisie de la bibliothèque du Minnesota. *Special Collections.*

La Lettre Corps

Les chiffres ne sont pas les seuls à obstruer l'espace; la lettre prend dans le cours du texte tout un poids caractéristique. La lettre constitue en effet tout le poids même du référent; elle recèle tout le monde du 16e siècle. Dans ses ambiguïtés, dans sa forme, elle génère une puissance et une opacité contrastée de violence. Dans le chapitre XXXVIII, elle met en œuvre par conséquent tout le corps de Gargantua, comme un ensemble de jeux, jeux rythmiques, cacophoniques, et ceci de façon boulimique: boulimie parce que la page blanche se trouve gorgée de redondances verbales, dont la surenchère de détails n'ajoutera rien à la narration, mais qui fera voir l'imbroglio des hiéroglyphes éjectés, telle la bouche de Gargantua dans la salle ou la salade. Le titre reflète à cet égard l'instabilité de l'écriture. Nous avons en effet:

COMMENT GARGANTUA MANGEA EN SALLADE 6 PELERINS.

MANGEANT SALE

72

MANGEA EN SALLE

EN SALLADE: l'expression révèle un point crucial du titre. Elle permet un jeu de mots incongru et se trouve en situation de discours; à partir des mots, du signifiant libéré de son attachement au signifié, ce titre offre une ouverture en tourbillon, présentant une espèce de ressort pointant sur le texte du chapitre à lire, assurant une non-clôture textuelle; l'ouverture en forme de colimaçon S "en salle" fait en effet référence à l'adjectif "sale," annonçant la couleur des jeux digestifs de Gargantua, et permet de par sa localisation avec "mangea," une place, la "salle," où vont être dévorés et assimilés les propos. Ces propos s'ouvriront de façon symétrique (la lettre S, est symétrique pour Geoffroy Tory) sur la voie tortueuse des intestins de Gargantua, mais peut-être aussi sur un autre monde, un monde en pleine mutation.

Figure 5. Lettre S de Geoffroy Tory, dans *Champ fleury* (Bourges, 1529). Courtoisie de la bibliothèque du Minnesota. *Special Collections.*

L'expression "en sallade" fait aussi corps dans le langage populaire à l'expression "faire des salades" qui signifie "faire des histoires." Or Rabelais fait "des histoires." Il narre dans un ensemble que constitue le livre tout une série de récits, imbriqués les uns dans les autres. Il ne fait pas que raconter, puisqu'à tout moment Rabelais injecte un arrêt dans le texte, et nous fait voir la trame de l'œuvre.

L'orthographe du mot sallade inscrit par deux fois la lettre L, montre à la fois l'instabilité de l'orthographe dont Rabelais joue ici à bon escient et reprend la première lettre du texte dans "le propos." Elle marque aussi un choix de Rabelais sur cette lettre importante dans le texte. Cette lettre L, comme le démontre Geoffroy Tory fut dessinée et conçue en relation au corps humain. Elle marque l'espace comme le montre la figure 3 d'un homme nu, debout les pieds joints, dont la projection de l'ombre est placée de manière à couper les pieds, en raison du soleil d'automne. Le mouvement des obliques, la mensuration du corps et la présence de l'équerre indiquent l'influence d'Alberti et de Léonard de Vinci. Ces formes de lettre inventent de nouveaux cadres, dont Rabelais ne cesse de jouer de lettre en lettre, de mot en mot dans son texte et plus particulièrement dans ce chapitre 38, puisqu'elles incorporent des harmonies soit chrétiennes, soit abstraites, soit idéales.[98] Ainsi l'impression de mouvement de la lettre appelle l'attention du spectateur devant la figure du corps, à "voir," ce dernier essayant d'articuler proportions et place de la lettre dans le corps autre de l'écriture.

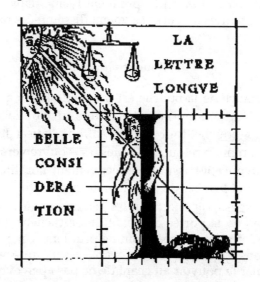

Figure 6. Lettre L de Geoffroy Tory, dans *Champ fleury* (Bourges, 1529). Courtoisie de la bibliothèque du Minnesota. *Special Collections.*

Or, ce corps est représenté de façon grotesque sous la forme du géant Gargantua, mettant au cœur de l'œuvre les déformations de l'écriture, et suscitant le rire de carnaval. Ce corps grotesque où les éléments tel que le feu, l'air, l'eau et la terre prennent une dimension cosmique, reflète les préoccupations du 16e siècle en célébrant un monde oral, où toutes les parties telles que la bouche, le nez le ventre et le derrière forment un lien direct avec le corps secoué de rires ou d'injures. Le corps mangeant-mangé se dissout sur un monde qui tend à disparaître, où l'image du corps constitue un lien étroit avec l'univers.

> A la différence des canons modernes, le corps grotesque n'est pas démarqué du restant du monde, n'est pas enfermé, achevé ni tout prêt, mais il se dépasse lui-même, franchit ses propres limites. L'accent est mis sur les parties du corps où celui-ci est soit ouvert au monde extérieur, c'est-à-dire aux orifices, aux protubérances, à toutes les ramifications et excroissances: bouche bée, organes génitaux, seins, phallus, gros ventre, nez.[99]

Chez Rabelais, la dualité des corps dedans-dehors, et l'inversion des parties bouche et intestins prennent racine dans l'univers, mais les différentes parties du corps se voient disséminées dans l'écriture.

La Bouche Gourmande

Si l'importance de la bouche est traitée de façon abondante dans le chapitre 32 de *Pantagruel*, elle trouve un nouvel écho ici dans Gargantua. La bouche, tout comme Alfred Glauser le stipule, reste une image du monde retournée, certes mais ouvre vers un univers en parfaite mouvance,[100] assurant effectivement l'oralité, elle exprime tout le vouloir et le désir de texte mangeant-mangé.

Le premier geste qu'effectuent les pèlerins est de se déplacer et de se cacher hors de la portée du géant. Ils se cachent dans les laitues, dont la grandeur démesurée "comme pruniers et noyers" corrobore les dimensions gigantesques du géant, assène une vraisemblance: celle de donner le pouvoir au géant de ne pas apercevoir les pèlerins, ni de les entendre, ni même de les différencier de façon tactile (car Gargantua ne fait aucune différence entre salade et pèlerins). Cette non-distinction provoque le rire où la célèbre formule "tout voir, tout entendre et ne rien dire" se voit transformée en "ne rien voir, ne rien entendre, ne rien sentir" certes, assurant également au récit la possibilité de se poursuivre. Nous avons ainsi: "De peur des ennemis s'estoient mussez au jardin, dessus les poyzars, entre les choulx et les lectues." Dans cette phrase, le découpage et la redondance des **u** et **oi** permettent une ouverture sur un silence "tue," mettent aussi en relief une ambiguïté d'ordre végétal, où choux et laitues sont placés dans un même registre non différencié, qui fait sourire le lecteur, et ouvrent sur la prédiction de l'engloutissement des pèlerins; "tu" peut sonner également comme provenant du verbe "tuer." La dissémination miroitante de ces groupes alphabétiques incorpore un jeu de répétitions qui sont "mus" à travers le texte, dans une calligraphie provoquant sourire et même rire. Cette première enclave, régie par la mutation vers la terre, trouve son opposé dans le paragraphe même lorsque le géant ramasse et porte à sa bouche les pèlerins. Cette main fonctionne comme un deuxième orifice, un deuxième gouffre soulevant les hommes apeurés et se refermant sur eux.

La suite du texte met ensuite en scène un lavement à la fontaine, qui annonce l'enclave de l'urine torrentielle "Qu'est-il de faire ? Nous noyons icy, entre ces lec**tues. Parlerons**-nous? Mais si nous parlons, il nous tuera comme espies." Le contraste entre tu et parole s'accentue ici grâce à "espies." "Espies": ce sont les espions, avec qui les pèlerins ne veulent pas être confondus. De la leur chuchotement "SSSS" qui ne peut parvenir aux oreilles du géant, mais qui fixe une continuité avec la trame de la lecture, ceci par l'intermédiaire de la forme tortueuse du S, dont nous avions parlé précédemment. Mais aussi le mot "pieds" est entendu ainsi que le mot "espèce." La multiplicité des sons engendrés et chuchotés provoque le rire et déstabilise à tout moment la lecture. Cette deuxième enclave s'achève d'ailleurs sur la remarque de Grandgousier (Grand Gosier) à son fils, donne une parole qui résonne de paragraphe en paragraphe et précipite grâce à l'expression "grand comme la tonne de Cisteaulx" l'ouverture vers le gouffre de la bouche.

La Toponymie Anatomique

L'ingérence du pineau fait d'ailleurs contrepartie dans ce paragraphe au jet de l'eau et double le déluge, seul "torrent" avoué du texte qui s'ensuivra: "et le torrent de vin presque les emporta au gouffre de son estomach." Rabelais reprend un thème du Moyen-Age des troubadours qui associaient parfois le fait de peindre un sujet et de pisser. En quelques lignes, il imprime une géographie anatomique de la bouche, des dents et de la gorge. La disparité de la taille des pèlerins vus "comme des colimaçons," dont cinq seulement sont ingérés y apparaîtra d'autant plus comique. Rabelais joue sur la précision, et veut mettre le lecteur dans la connivence. L'allusion à Jonas la baleine s'impose aussitôt à l'esprit du lecteur. La parole du narrateur "le propos requiert que racontons ce qu'advint ..." se retourne sur elle-même, se voit mastiquer à l'intérieur du texte, et se narre avec la bouche, la langue, les dents de son "produit" *Gargantua*. Le narrateur se voit dévoré par son récit qui ne s'arrêtera pas pour autant; s'il est avalé par le lieu, la "salle" du récit, cette ingestion forme un récit, qui donnera les boulets d'écriture, les lettres. Elle s'exercent en tous lieux et en tous sens. "Ancenys" où l'on entend et peut déchiffrer "en ce nid" achève l'épisode non sur le gouffre stomacal, qui anéantirait les pèlerins, ruinant les effets comiques, mais sur "Ancenys," où ils errent dans un paysage fantasmagorique. Cet orifice qu'est l'intérieur de la bouche représente également l'enfer, dont il faut se protéger.[101] C'est d'ailleurs grâce à leur bourdon, traité à la manière de "talisman" protecteur et promoteur de récit que se déclenche le "nerf de la mandibule" de la dent creuse, gouffre dans le gouffre, où s'effectuent le broyage et le tourbillon de la narration. L'expulsion des pèlerins vers l'extérieur se fait aussi par le moyen d'un cure-dents perçu alors comme autre forme de poursuite du récit, puisqu'il "dénigea Messieurs les pèlerins," provoquant par la diversification des sauts rebondissants des hommes, le sourire, et prévenant un cataclysme, celui de les noyer; elle laisse également une autonomie aux enclaves, et leur donne un dynamisme particulier.

L'enclave suivante souligne la mini-scène des pèlerins arrêtés par le flot gigantesque de l'urine déversée de Gargantua, pousse l'excrétion du texte vers l'extérieur, excrétion du flot de mots, arrêtée dans leur débit, par la "Touche." Les lieux toponymiques tels que "Ancenys," La "Touche," ou plus tard du nom "Lasdaller" forment l'espace même du récit. Ces mots permettent de mémoriser le récit et de faire rire. Dans l'épaisseur de leur signifiant, ils apposent les traces d'un texte en train de se jouer sur la touche. Nulle gratuité dans "Couldray," ou "Lasdaller"; si les pèlerins s'arrêtent à "Couldray," c'est que le récit doit montrer ses coutures, et se voir coudre. Et si le compagnon Lasdaller réconforte par ses dernières paroles, c'est que ces dernières sont lasses d'aller. Dans leur condensation, ces noms renforcent le dynamisme du récit même. "Fourmillier" n'échappe pas lui non plus, ni au jeu de mot, ni à l'univers qui se multiplie. On entend et on voit "fourmi" petite bête que sont les pèlerins, mais aussi "fourmiller" abonder, regorger. Le texte fourmille de micro-récits occupant l'espace. L'omission de la formule finale latine de ce paragraphe *Adjutorium nostrum* qui invoque habituellement le nom du Christ ouvre le texte sur le chapitre suivant et attelle tout un redécoupage de l'écriture, en quête du corps, qui se meut et se déploie, dans les méandres de ses graphes.

Rabelais envisage un monde qui redécouvre toutes les formes d'hiéroglyphes visuels, auditifs. Pour le narrateur et le lecteur, elles signalent un monde qui ne traduit par forcément la voix en script, mais instaure un véritable phénomène de logocentricité, où la représentation des objets, des personnages est enregistrée de façon déformée: cette présentation donne au texte ce que d'aucuns ont appelé un hermétisme, mais permet à ceux qui veulent le lire de près, de capter une multitude d'échos sonores, visuels et graphiques de la vision du 16e siècle. Le livre avance donc en trahissant également les moments de sa composition, assurant une redécouverte constante d'un monde en pleine circonvolution. Il trace les méandres du corps et de ses jeux intertextuels, graphiques, et sonores. Le texte, en s'entourant de tout un décor spécial, montre lisiblement une absence, absence due à cette constante dissémination de parties échelonnées dans le texte, absence, qui multiplie les productions de désir. C'est peut-être un désir de retrouver un autre corps, celui du Christ, mais aussi celui de fonder une nouvelle Jérusalem, vision idyllique d'un paradis qui se cherche.

En définitive, la lecture de ce chapitre ouvre sur une vision, sur ce qui a de plus silencieux chez Alcofribas. Par l'intermédiaire de combinaisons de graphies, de redondances verbales et auditives, le texte entame une ouverture sur un jeu spéculaire, où les mises en abîme généralisées portent sur un corps en plein tourbillon, toujours là, mais toujours absent.

Ainsi par l'étude textuelle de certains chapitres, nous avons pu voir une parcellisation constante du corps, corps à la fois joyeux qui bouge et qui se meut dans tous les sens, se référant alors au corps de carnaval et corps, posant de nouvelles définitions avec le monde. Le passage de ce corps joyeux à l'édification et à l'emblème d'un corps autre que le Christ, qui se cherche de page en page pose cependant les problèmes de redéfinition du corps vis à vis de soi et des autres, ainsi que celui du roi, également corps symbolique de la nation, supposé triompher du temps par la lignée qu'il produira. S'il fait corps au verbe, l'écrivain fait du verbe son propre corps et produit alors *Gargantua*, corps monstrueux étonnant, infini et couvert d'emblèmes comme nous allons le montrer.

Chapitre 4

Les Emblèmes dans *Gargantua*

Le style de Rabelais procède de l'élaboration de plusieurs types d'écriture: elle y trouve un élément moteur, et apporte à la trame un dynamisme sans cesse renouvelé. L'oscillation entre ce qui provient de la parole et le phénomène de l'écriture se trouve ainsi à chaque page, à chaque mot remise en cause. Rabelais nourrit son texte de tout une série de formes de discours qui appartiennent d'une part au langage verbal comme des chansons, des sonorités, des expressions familières. Il utilise d'autre part à l'intérieur du récit différentes tonalités de voix, créant ainsi une espèce de brouhaha indescriptible: le chapitre V de *Gargantua* arrête à tout moment le lecteur, pour lui faire entrevoir une richesse de langage insoupçonnée. L'auteur exploite également toutes les possibilités de la langue écrite, comme par exemple l'usage des lettres, comme nous l'avons vu précédemment au chapitre 1, en les insérant au cœur du discours ou des citations latines. Il se réfère aussi à un usage très courant au 16e siècle, celui de l'emblème. Ce dernier subit de nombreuses transformations au 16e siècle. Rabelais joue sur cet élément de "bel esprit" et le détourne. En dépit d'une abondante culture manuscrite, l'emblème apparaît souvent comme une des premières tentatives pour exploiter les modes de rhétorique, de façon originale et, dans une grande mesure, il exploite la typographie, l'agencement de la page de manière différente du livre manuscrit.

Rappels Sur La Dissociation De La Peinture, De L'Emblème Et Du Mot

Le milieu 16e siècle propose toujours la juxtaposition du discours oral et celui de l'écriture – et – de la peinture comme modes de représentation. Prise entre l'imitation des modèles littéraires, antiques et autres, et le désir de se modeler sur *l'exemplum*, qui est de ressembler autant que faire se peu à la nature, l'écriture entre en compétition à cette époque avec la peinture. Geoffroy Tory n'hésite pas à disséquer, et par ses allégories à moduler les lettres de façon géométrique en relation avec la proportion des lettres romaines. Il se sert des lettres comme emblème et comme visualisation d'un mode d'écriture:

> J'ay dict que la lettre A, qui est la première de l'alphabet, qu'on dict aultrement le A.B.C. est faicte de la lettre I, et chose vraye, en le figurant en triangle qui est le nombre imper, les deux pattes dudict A et la tête fonct le dict triangle, mais ce triangle veut être assis en un quarré qui nous est signifié par la diction Hiacinthus qui est contenue en quatre syllabes, *Hy-a-cin-thus*.[102]

Ainsi, ces deux formes de représentation ont certes un rapport discursif commun, mais sont toujours traitées comme des restes de l'*oratio* convaincante dans le système rhétorique bien hiérarchisé de la Renaissance. Peinture et écriture représentent en effet à cette époque les deux versants de la même pièce et sont traitées comme telles dans le système établi de la rhétorique. Cependant au cours des ans, elles vont se dissocier l'une de l'autre et assumer chacune son autorité propre. Progressivement, elles vont inverser leurs rapports: de *ut poesis pictura* elles passeront à *ut pictura poesis*. La peinture ne qualifie plus seulement le texte, mais occupe une place prépondérante dans ce dernier. La peinture ne soulignera plus uniquement les contours en quelque sorte de la qualité de l'épigramme ou du titre de l'emblème, elle trouvera dans son mode d'expression sa propre marque. Elle donne ainsi une représentation codifiée, tout comme le discours, mais transforme les relations du vu et de l'écrit au moment de ce clivage.

Si la peinture offre en effet une brisure nette avec la représentation de l'écriture, elle n'en offre pas moins un discours silencieux qu'il est possible de déchiffrer autrement: parfois et même de plus en plus souvent, elle rompt de façon très nette avec le discours de l'écriture soit dans le texte, soit dans la poésie. Elle ne sert plus uniquement à souligner un exemple ou à mettre en relief un dessin au texte, à simplement l'illustrer, à le corroborer ou à en dégager certains grands traits principaux, elle propose aussi, par exemple dans la configuration des emblèmes, une propriété caractéristique dans chaque dessin qui n'a pas forcément de rapport nécessaire avec le texte: la "figurabilité"[103] des schémas ne sert pas forcément de justification à l'écriture. Le peintre ou l'illustrateur va petit à petit stipuler ou imaginer des détails qui diffèrent de l'intention de l'écrivain (que ce soit pour ne citer que deux exemples les emblèmes de Holbein ou de Guillaume de la Perrière). Ainsi, les emblèmes entrent tout comme les hiéroglyphes, les blasons, devises, et médailles dans la classe des images symboliques, et pénètrent dans la composition de *Gargantua* dans un système de représentation à code fort et marqué qui illustre, et détourne certains éléments précis.

La Renaissance poursuit donc la tradition du Moyen-Age en continuant de donner à l'image une figuration de la "réalité" qui cache un autre sens: dans les *bestiaires* au Moyen-Age par exemple, l'image du lion symbolise la force, la puissance, etc. Un déchiffrage est alors exigé du lecteur, mais le message est transmis directement. L'emblème à la Renaissance reprend donc cette virtualité de l'image, donne la possibilité de voir ou d'entrevoir un autre monde et d'en saisir les complexités. En ce sens, elle donne la possibilité de comprendre un jour le monde, et marque fortement l'imaginaire du lecteur contemporain.

L'Emblème Parasité

Mais ce mode de déchiffrage de l'emblème se complique à la Renaissance. Un certain parasitisme des éléments fait son chemin et ouvre une brèche importante avec le sens de l'illustration. La notion de signe se trouve alors en quelque sorte au cœur du problème. Le croquis, le schéma y ont l'attribut du signifiant, et le texte, l'épigramme, celui de signifié. Les relations entre signifiant et signifié proposent un mode de communication généralisable. Elles permettraient d'accorder un lien étroit entre les objets concrets du monde et les objets inintelligibles du monde, dans un essai de système *fondu enchaîné*[104] entre la chaîne verbale et non verbale. Cette espèce d'échange et d'illustration au moyen du dessin apparaît donc comme une façon très utile de capter le lecteur, ou la personne qui ne sait pas lire en lui proposant alors une gamme d'éléments.

Entre langage verbal et non verbal, un tissu de liens doit se nouer, mais de plus en plus à la Renaissance une fissure lézarde ces deux pôles recherchés. La figurabilité de l'emblème prend ainsi une valeur théorique et va devoir signifier. Dans les premiers livrets d'emblèmes d'Alciat de 1531, qui servent de référence à beaucoup de livres d'emblèmes publiés par la suite comme par exemple les *Adagia* d'Erasme introduits initialement en 1500, puis dans une édition complète en 1521, de *L'imagination poétique* de Barthélémy Aneau, ou des *Devises héroïques* de Paradin en 1551, les emblèmes se divisent en trois parties: l'*inscriptio* ou titre, puis la *pictura* la figure ou la gravure sur bois proprement dit et la *subscriptio*, c'est-à-dire le texte, l'épigramme souvent en vers et en quatrains. La peinture chez Alciat est le corps de l'emblème où voir le dessin équivaut à suivre le discours. Dans la double hiérarchie ainsi postulée, l'image se trouve fortement encadrée et délimitée dans son rôle d'illustration et de plaisir visuel, qui pouvait servir d'aide au lecteur, ou à la personne qui ne savait pas lire. L'emblème triple alors plaisir et utilité par ces trois éléments distinctifs mais nécessaires, dans la postulation d'une certaine forme de discours, qui concilie une éloquence nette et assurée recoupant ainsi le but de la rhétorique: *conciliare/delectare/movere.*

Le pouvoir de séduction de l'image dépasse en quelque sorte la volonté même de l'écrivain; les trois stades de composition exigent alors un découpage analytique qui rend possible une éloquence "démonstrative" et qui pour cela doit être articulée rigoureusement selon un mode bien déterminé. Ce découpage présente un mode de traduction intertextuel spécifique qui interroge les relations entre les trois parties de l'*inscripto,* la *pictura* et la *subscriptio.* La complémentarité entre texte et peinture est ainsi souvent remise en cause.

La Lecture Des Emblèmes: Leurs Problèmes

Deux problèmes surgissent dans la mise en question de la lecture de l'emblème: tout d'abord le côté lisible de l'image en tant qu'énonciation d'un discours, et celui de la "visibilité" et de sa compréhensibilité, c'est-à-dire de la perception et de la vue de la peinture. Ce côté lisible de l'image est en effet tracé dans un cadre expressément délimité comme le discours par le cadre de la feuille, puis par le cadre du dessin; ce dernier agit lui-même comme un abîme dans l'abîme, énonce une histoire, ou un récit. Ensuite, la compréhension de l'image est corrélée au lecteur, s'offre immédiatement à son jugement:

> Leur problématique articule deux postulats complémentaires, celui de la lisibilité de l'image en tant que discours, et celui de la visibilité de l'intelligible: la transposition d'un système de signes dans un autre, la convertibilité d'un message dans des codes différents, fondent une intertextualité généralisée, qui effacerait l'hiatus entre les choses et les mots, entre le monde et le langage. Les choses sont susceptibles de signifier: si le concept s'offre aux yeux dans l'idéogramme, s'efface alors l'arbitraire du signe, en prise direct avec le référent. [105]

Le problème de référent étant ainsi posé, il faut constater qu'il est alors d'autant plus soumis et lié au mode de traduction et de transposition de l'œuvre, de l'écrivain et du dessinateur. Dans ce cas de séparation du dessin d'avec le texte, les problèmes de passage et de référent jouent un rôle important et vont également multiplier les sens de discernement et de compréhension de l'emblème.

Dans les deux problèmes posés, tant celui de la "lisibilité" de l'emblème que de sa compréhension immédiate, surgit le problème de traduction d'un mode d'écriture à l'autre, avec à la fois perte de certains éléments, et surenchère de certains autres éléments. Traduire l'emblème soulève la question du message de l'auteur. La stricte hiérarchie imposée entre corps de l'emblème et son écrit impose à la fois le plaisir de la pulsion pictographique que peut connaître l'œil, mais montre aussi l'écart de ces deux dimensions en faisant participer le lecteur à une découverte plus approfondie de l'image:

> Quelle illusion! Parleuse muette, l'image bien souvent en dit plus que la lettre, et elle dit ce *plus* autrement. Les représentations symboliques déclarent le désir humaniste de faire *parler le monde*, de restituer le langage muet des signes. Au concert des codes morts, se substitue alors la parole bavarde de la culture humaniste.[106]

De même, nous pouvons ajouter que le face à face de l'emblème et de son motto pose un problème de principe quantitatif qui fait défaut à la communication orale: les différentes marques imposées par l'emblème peuvent substituer ce que le langage oral pouvait offrir tout en jouant sur l'effet visuel de la peinture.[107]

Si l'on regarde certains emblèmes, comme par exemple la figure 1, ci-dessous extraite de Andreas Alciatus, *Emblematum libellus* (Paris, 1542) une image se dégage qui peut parfois rester tout à fait mystérieuse, et qui dans son ensemble avec le texte pose un problème de surenchère entre texte et image.

Aiacis tumulum lachrymis ego perluo uirtus,
Heu mifera albentes dilacerata comas.
Scilicet hoc reftabat adhuc,ut iudice græco
Vincerer,et cauffa ftet potiore dolus.

Figure 7. Andreas Alciatus (*Emblematum Libellus*). Courtoisie de
The Grolier Club.

Qui est le plus fort? Il semblerait pour cela que la "pulsion pictographique" rende immédiatement tout le côté séducteur du dessin. Serait-ce alors cette séduction de l'image qui aurait effrayé les humanistes, qui ont bon nombre de fois interrogé ce côté trop charmant de l'image? Dans beaucoup de discours, ils invoquent le côté pédagogique et traitent toujours l'image comme un support. Cependant, on peut constater que l'immanence du dessin présente toujours un relief particulier, qui va insensiblement dériver non seulement de ces buts pédagogiques, mais "divertir" dans le sens de détourner ces fins pédagogiques pour donner une vigueur toute particulière au texte. Le système rhétorique qui a pour cadre une liste de livres et de références précises, ou qui pour la peinture se modèle sur l'*exemplum*, accepté comme le modèle de référence, se voit dans le cas présent dévié, peut-être de façon subreptice, mais toujours de façon constante. Ce système rhétorique très rigide ne peut alors contrôler ni le discours du poème, ni sa prolifération pictographique. Le mutisme du dessin et sa compréhension ne surgissent alors que si l'on en traduit les soubresauts, ou si l'on effectue une analyse de l'emblème. L'image de l'emblème paraît donner un supplément, et montrer de façon différente.

> De la signification à la représentation, de la représentation à la signification, le trajet postule la figurabilité de l'intelligible, la lisibilité du visible: mais la peinture est aussi l'art de l'invisible, "l'énigme de la visibilité."[108]

L'Emblème Chez Rabelais

Ainsi le problème de l'emblème se retrouve de façon constante dans l'œuvre de Rabelais, où l'emblème ne sert pas toujours de point de départ uniquement pictural, mais aussi de figuration tant dans le texte, qu'allégorique ou même hiéroglyphique et transgresse le texte à tout moment. Il offre non seulement un élément de "bel esprit" et d'énigme, mais fait partie aussi du mode de lecture traditionnel des Grands Rhétoriqueurs: il joue comme révélateur d'un certain type de mentalité symbolique. Très important dans ses modes de production, il montre une forme littéraire certes caractéristique de l'époque, mais dévoile surtout tout un ensemble de procédés et de stratagèmes rhétoriques, en vue d'un mode de communication particulier.

Si la page imprimée met en relief l'espace de l'emblème chez Rabelais, le texte se trouve entrelacé de façon méthodique et fixe. L'emblème faisant partie du *paratexte*.[109]Le *paratexte* structure les éléments tels que la table des matières, la dédicace, le titre, les notes que l'auteur donne, mais il peut aussi inclure le format du livre: la typographie, la reliure, la taille des lettres et des espaces, la qualité du papier. C'est un élément capital dans la force de travail de l'emblème puisqu'il agit de façon consciente chez l'auteur quand l'emblème est inséré au milieu de la page; il se trouve soumis aussi à tout un réseau de responsabilités de l'imprimeur, de l'éditeur, quand il s'agit d'une insertion sur les couvertures. Il joue aussi sur les facultés de montrer l'emblème de façon autre. Nous en étudierons alors les causes et les effets au sein du livre.

Voyons tout d'abord comment Rabelais articule ces différents emblèmes et comment il joue de ce paratexte. Avec l'insertion de groupes emblématiques, l'auteur répond à la vaste majorité des lecteurs bientôt friands de ce genre, et détourne la fonction proprement didactique, visuelle, ou de plaisir pour creuser un écart entre le fil conducteur, le "fil rouge" de la narration et la construction du livre. Si Rabelais fait un emprunt livresque aux *Grandes Chronicques*, il y greffe de multiples formes de langage, qui, mises en regard de l'emblème peuvent faire avancer le texte.

> Les listes, litanies, énumérations ne sont pas chez lui des signes de gratuité verbale ni d'ivresse poétique, mais d'un texte dont la démarche est déterminée par une écriture essentiellement accumulative. Tout ce qui semble constituer un hors-texte par rapport à l'avancement rectiligne de la narration est réellement un moyen de signifier ou de démontrer, non plus sur le plan discursif, mais au niveau linguistique.[110]

Pour que les emblèmes fonctionnement avec intensité, il faut créer un rapport dynamique entre les mots et l'image ainsi qu'une certaine distanciation entre les deux pour que la communication d'un message devienne plus net. Il semblerait comme le remarquait François Rigolot et Sandra Sider[111] que l'étude de ces emblèmes "puisse entraîner une compréhension beaucoup plus juste de la nature même du symbolisme dans la littérature des seizième et dix-septième siècles." Nous nous efforcerons de voir comment l'emblème joue sur les temps forts du livre.

Effectivement, Rabelais s'ingénie à "bricoler,"[112] c'est à dire à assembler des morceaux différents dans le domaine de la configuration picturale comme par exemple pour la forme de la dive bouteille, mais également sous deux modes distincts; le mode allégorique qui renvoie à des vérités d'ordre moral et le mode hiéroglyphique, qui concernerait plutôt les matières mystiques.[113] Nous aimerions dans les pages qui suivent parler tout d'abord des textes des couvertures des premières éditions qui agissent comme élément emblématique, puis en un second temps discuter des textes emblématiques dans *Gargantua*. Ces derniers régissent à la fois des modes allégoriques et des modes hiéroglyphiques tels que nous les définirons de façon plus précise et s'inscrivent dans le *paratexte*, c'est à dire dans les formes qui ont crée le texte, comme les marges, les notes, et dont la tension entre le dessin, ou le cadre et l'écriture mettent en jeu tout un ensemble de réseaux complexes:

Paratextual analysis makes clear that the printed book compels authors and readers to confront a double tension, a tension which expresses the manner in which con-text is truly with, not simply around or mereley implicit in, the text. The fact that the authors must supply some elements of paratext for their books obliges them and their readers to juxtapose the represented context in the paratext to the real context alluded to and displaced by that representation.[114]

Les Premiers Emblèmes Des Couvertures De *Gargantua*

Pourquoi prendre les premières couvertures des éditions de *Gargantua*? Peut-être tout d'abord pour souligner l'importance des rapports que Rabelais a eus avec les imprimeurs. Si comme Catach le souligne, il serait aberrant de postuler les moments d'intervention de l'auteur,[115] il est prouvé que ce dernier a maintenu certains archaïsmes de la langue et qu'il était conscient des changements effectués par les éditeurs. Le choix des dessins des premières éditions montre l'importance de l'imprimeur, leur jeu avec la ponctuation: François Juste, par exemple, utilise plus les deux points qu'Etienne Dolet. Ces premières éditions dénotent aussi l'importance du dessin en couverture, et témoignent de la séparation de la lecture et de la peinture, dont nous discutions il y a quelques instants.

L'analyse de la couverture de trois éditions successives du livre montre quelques différentes facettes chez les éditeurs et suggère la subversion constante du texte par rapport à l'image. Les dessins[116] offrent ici un premier support à la visualisation spécifique de la présentation des différentes premières pages. Ils mettent en évidence plusieurs caractéristiques de l'œuvre de Rabelais qui sont communes au seizième siècle. Chaque première page du livre porte un cadre particulier, différent dans les quatre éditions présentées (voir figures 2–5 ci-dessous). Dans les deux premières éditions, pages 88–89, le cadre est effectué par des colonnes qui s'élèvent en torsion vers le frontispice, savamment élaboré de *S* couchés, et portant en encadré un texte grec.

Figure 8. Première page de *Gargantua* de l'édition de 1534.
Courtoisie de *The Grolier Club*.

Figure 9. Première page de *Gargantua* de l'édition de 1534.
Courtoisie de *The Grolier Club*.

La page de l'ouvrage est ainsi traitée de façon emblématique, où l'on peut distinguer trois formes:

L'inscription du titre *Gargantua* en lettres capitales se détache du cadre de l'emblème proprement dit. A l'intérieur de ce cadre on peut alors distinguer :

La superscriptio: elle s'installe dans le cadre torsadé et délimité à l'intérieur de la page, révélant l'abîme dans l'abîme, soulignant de trois à quatre traits son décor rigide. Ecrite en grec, elle montre certes l'attachement au texte des anciens, sans cependant être tout à fait conforme à la tradition qui préférait la langue latine pour traduire la langue de la sagesse. Le message communiqué devrait

cependant conforter les érudits. Or l'énigme en grec ΑΓΑΟΗ ΤΥΧΗ
signifie "bonne fortune." Cette traduction permet de porter par la
présence de ce cadre dans le cadre l'attention sur ces lettres érudites
et leur graphisme, mais elle indique aussi l'attention que le lecteur
devrait donner à la vision du texte, et de son emplacement spatial.
Ce cadre dans le cadre du frontispice joue sur une distanciation
encore plus nette que dans l'emblème traditionnel et pourrait agir en
tant que découpage important dans l'élaboration de l'emblème.

Le titre: il est ici traité en *inscriptio* de l'emblème. Dans ces trois
premières éditions, on remarque une compulsion à amenuiser les
lettres à l'intérieur du cadre de l'emblème: elles vont finir sur un
point central du livre, le *corps* de l'emblème "livre plein de
pantagruelisme," rappelant ainsi au lecteur les premières aventures
de *Pantagruel*. Mais ce nouveau sous-titre semble s'excuser de la
disproportion des propos de ce livre. Les lettres de ce corps de la
lettre "La vie inestimable du Grand Gargantua, père de Pantagruel,
jadis composée par l'abstracteur de quinte essence" se terminent par
un rétrécissement des lettres, après étalage tourbillonnant à
l'intérieur du cadre. La place des lettres est parfois tellement
absorbante, que l'apparition de tirets séparant les mots intervient
deux fois dans les éditions et marque de même le changement de
l'orthographe: Lefèvre d'Etaples publie en effet en octobre 1529 la
Grammatographia dans laquelle il utilise divers signes de
ponctuation de couleurs différentes comme le rouge et le noir, ou des
accolades de différentes grandeurs. Ces signes de ponctuation sont
restés jusqu'à nos jours similaires, à l'exception du *colon* qui était à
l'époque utilisé comme ponctuation moyenne, et le *periodus* qui
traçait la ponctuation finale de la phrase. Il semblerait que le
montage des lettres dans ces premières éditions laisse même des
points de suspension: une telle "marqueterie mal jointe" laisse le
lecteur dérouté certes, mais permet d'ouvrir d'autres possibilités de
lecture. Comme les premières éditions de Montaigne, le bricolage qui
s'achemine révèle un assemblage grossier qui marque un "vuide au
tour"[117] qui amplifie la force de ces lettres et des possibilités de
lecture.

La conclusion ou *subscriptio*: elle souligne une dédicace assez
courante à l'époque à Notre Dame de Constant. Ceci semblerait
paradoxal, puisque Rabelais n'est pas issu de cet ordre, mais elle
relève d'une invocation courante à la mère de Jésus.[118] Le corps du
Christ n'est nullement mentionné ici, comme bien souvent dans les
écrits du 16e siècle, il constitue une invocation sous-jacente, et se
cherche de texte en texte. Enfin, la lettre F, est portée par deux

amours et se détache de l'emblème. Une telle présentation est caractéristique des frontispices, et relève d'une imagerie commune: elle met en relief ce F qui peut alors être le prénom de François Juste, mais peut aussi par homonymie constituer la première lettre de François Ier, ou représenter la première lettre du mot France. Une sorte d'énigme plane alors.

L'emblème dans la première page de l'édition de François Juste a été déjoué: généralement le corps emblématique porte en son centre le dessin ou le nom de l'auteur. Ici point de référence. La lisibilité du texte se sature d'elle même de ces propres mots. Le dessin de par sa position détourne l'attention du lecteur, qui sera obligé de remonter ou de descendre les lignes pour trouver une indication de support de ce qu'il vient de lire. La visualisation du texte attire sur autre chose.[119] L'écusson ou blason portant le F est d'autant plus énigmatique. Dans la variante de Berne (figure 4 ci-dessous), le sceau de l'imprimeur fait pratiquement disparaître cette lettre F, suggérant que l'écrivain, ou l'imprimeur aurait assez peu d'importance, et se confondrait dans la foule anonyme; n'oublions pas que le nom propre est "fixé" de plus en plus, à l'encontre de l'époque de l'incunable ou du manuscrit:

> Les noms de lieux et de personnes ne sont pas arbitraires; ils confirment ce qui est ailleurs. Et c'est cet "ailleurs" qu'il s'agit d'élucider à travers une recherche scrupuleuse des signifiés admissibles.[120]

Ce qui est certain, c'est que l'écriture emblématique, très développée au 16e siècle va dès la première page de l'écriture être traitée par les éditeurs de façon différente sur la maquette de la première page.

La transparence du titre se voit immédiatement déviée: le désir du lecteur de faire parler les signes muets, de conjurer le silence de cette représentation spatiale des lettres envahissant le cadre étroit devient "jeu." L'attention du lecteur est captée différemment et se voit déportée vers le décryptage d'hiéroglyphes.

Figure 10. Première page de l'édition de *Gargantua* de Berne.
Courtoisie de *The Grolier Club*.

Les Hiéroglyphes Des Emblèmes

La Renaissance redécouvre effectivement les hiéroglyphes grâce à l'apparition des manuscrits de Horapollo en 1419 à Andros en Grèce, édités pour la première fois à Venise en 1505. Elle apporte à ces textes hiéroglyphiques toute une conception erronée latente: les hiéroglyphes recèleraient et cacheraient les codes secrets de l'univers: dans les hiéroglyphes, chaque mot en effet est pris comme un idéogramme, et présente une forme d'écriture utilisée par les prêtres égyptiens pour prévoir la sagesse divine. Si conçu à l'origine pour visualiser un élément graphique d'un mot égyptien[121] qu'il voulait représenter, ce même code égyptien dépourvu de voyelles, pouvait attribuer une grande quantité de noms sur le même idéogramme. Or Horapollo a joué particulièrement sur le côté idéographique et non acoustique de ces dessins. L'équivoque ainsi proposée porte une double nature; le pictogramme porte à la fois un message visuel, et un ensemble de sons. En ce sens, le texte de *Gargantua* va jouer sur tous les plans. Ici les titres présentent tous la caractéristique de donner à voir, sans pour autant permettre une lecture satisfaisante et vice et versa. Ils permettent grâce à la typographie de noyer le cœur des titres.

Enfin dans la dernière édition présentée ci-dessous, l'éditeur Denis de Harsys présente en 1537, une visualisation très différente de son titre. Ici, le schéma trace une histoire. Point de titre, point d'auteur.

Figure 11. Première page de l'éditon de *Gargantua* du manuel de Denis de Harsys (1537). Courtoisie de *The Grolier Club*.

Le dessin montre un homme assis, portant trois hommes dans sa poche, en face d'une femme, sorcière (le regard qu'elle porte semble farouche) ou géante, qui tient une fleur, peut-être de chanvre. Un homme plus petit essaie d'atteindre la poche de Gargantua (une gibecière de chasseur peut-être) et d'y saisir les pèlerins, à moins qu'il ne touche le haut de la cuisse du géant (le dessin demeure équivoque) tout en tenant de l'autre main un cœur.

Le dessin convie le lecteur à tourner les pages. Il résume les événements principaux du texte. Il doit situer. Or, ce schéma fait un amalgame de plusieurs épisodes, à la fois celui des pèlerins avalés du chapitre 38, de l'oracle du *Quart Livre,* du problème de la culture de la fleur de chanvre et peut-être de la nourrice de Gargantua aux premiers chapitres. La visualisation déroute complètement le lecteur. Après avoir lu le texte, on s'aperçoit que l'image accumule en même temps trop de choses. La disparité des éléments entre lecture et peinture devient frappante. La dominance du dessin imprime une visualisation qui répond à des fins commerciales, tout en montrant une dichotomie importante entre texte et graphisme. Ce dessin donne à lire un réseau textuel qui ne se limite pas au seul *Gargantua.* Par exemple les pèlerins, au nombre de six ont été ramené à trois. Peinture et écriture opèrent dans deux sphères différentes. Le dessin se libère en ne se modelant plus sur la vie des saints, en ne narrant plus forcément ce que l'écriture prescrit, mais prend des libertés avec le texte. Le texte de l'ouvrage disparaît même complètement sous une entière visualisation graphique, ne laissant que des chiffres romains martelés, appelant d'autres noms, offrant une autre dé-lecture de l'espace aux lecteurs.[122]

Ce dessin témoigne également de l'influence des *Adagia* d'Erasme livre paru d'abord en 1500, puis en 1520 dans la célèbre maison d'édition Aldus à Venise. Cette influence se manifeste dans le modelé des dessins, et aussi dans l'importance accordée aux hiéroglyphes. Les hiéroglyphes redeviennent en effet très à la mode: l'oncle de Fasianini Celio Calcagnigni diplomate pontifical et archéologue, traitera dans un livre intitulé "De Rebus Aegyptiacis" de l'importance des symboles dans le décryptage d'une œuvre philosophique importante. Rabelais, très érudit, connaît cet ouvrage. Mais il ne se sert pas de véritables hiéroglyphes dans son texte ou sur les couvertures. L'imprimeur, quant à lui, ne dessine pas des hiéroglyphes, mais, influencé par de nombreuses lectures, utilisera lui aussi ce mode pour exprimer à la fois un symbolisme mystique qui atteindra son apogée au *Quart Livre,* tout en triomphant également ce symbolisme par le biais de la distanciation: en effet il joue sur les hiéroglyphes ou les lettres qu'il faut sans arrêt déchiffrer, déjouer à tout moment détruisant à tout moment l'effet "sérieux" du symbole, le provoquant dans des jeux de couleur, des jeux avec l'espace et l'emplacement spécifique des lettres.

Sur la couverture du manuel de Denys Harsys, l'idéogramme en forme de blason du faucon ou de l'aigle peut signifier à la fois l'âme, ou la renaissance de ce livre, et ajoute un commentaire supplémentaire au dessin. Il appose non seulement le cachet de l'éditeur, mais fait aussi déjouer la lecture graphique. L'écriture des livres met ainsi à nu la création du livre et montre l'emblématisation de l'écriture. Dès les couvertures des livres, Rabelais porte alors le lecteur au cœur de différents problèmes en travail à cette époque. Mise à part la description de ces premiers emblèmes dans les premières éditions de *Gargantua*, soulignant le contraste maintenant très net entre peinture et écrit, et mettant en valeur leur contraste et leur opacité respectifs, *Gargantua* suppose une attention constante pour découvrir cette science emblématique.

Les Emblèmes Du Chapitre 2

L'un des principaux emblèmes caractéristiques du début du livre est peut-être la pose du chapitre 2. Inséré en effet juste après la généalogie de Gargantua, le texte du chapitre s'avère être un plaquage monté et inséré qui renverse les notions traditionnelles de narration. Le texte ne se rattache en rien à ce qui précède et dérive constamment vers un poème énigmatique qui arrête le récit à tout moment. Le poème compte au nombre des textes les plus hermétiques du 16e siècle. Il est par ailleurs, dans les éditions de 1535 et 1537 imprimé de façon différente du texte de *Gargantua*, ce qui souligne d'autant plus son côté insolite. Cependant Rabelais semble le privilégier de par sa place dans l'œuvre. Se pourrait-il alors que Rabelais veuille dès le début de l'œuvre ennuyer le lecteur et l'empêcher d'achever sa lecture? Rien n'est moins sûr. Le chapitre est placé visiblement et graphiquement au cœur des problèmes de l'écriture.

Dans les pages suivantes, une place prépondérante à la *délecture* de ce poème, puis à sa *relecture* évoquent l'importance visuelle et matériellement graphique de tout premier ordre des lettres, ainsi que l'importance du *paratexte* qui empêchent une simple lecture linéaire, pour favoriser une lecture à la fois phonique, graphique et multidimensionnelle du chapitre. Dans un premier temps, en effet, les mots semblent se suivre et se répètent sur le plan linéaire et acoustique. Mais également d'une façon graphique, le texte permet de percevoir d'autres mots, d'autres échos, et d'autres bruits. L'analogie a un rôle prépondérant puisqu'elle permet de jouer sur le potentiel de ressemblance avec un autre mot, un autre signe pour générer d'autres significations.[123] Ce processus multiplie les réseaux entre forme dialectique et structure de la phrase. Les graphèmes et leur "congélation" assurent un redéploiement du discours, l'arrêtent à tout moment et donnent un sens d'espace vertigineux à l'ensemble du poème. Distinction phonique et distinction graphique ne sont cependant pas elles-mêmes complètement distinctives, et leur association multiplie alors le niveau les significations possibles.

Les Problèmes Phoniques

Certains problèmes phoniques caractéristiques du chapitre méritent tout d'abord notre attention. L'exemple du premier paragraphe de huit vers relève la particularité du jeu phonique du son OU qui ne cesse de revenir au cours de la strophe, marquant d'une espèce de sifflement dans ces huit premiers vers. Il répond ainsi au son bruyant des IN des cymbales:

> ai? enu le grand dompteur des *Cimbres*,
> y sont par l'aer, de peur de la *rousée*.
> ' sa venue on a remply les *timbres*
> a' beure fraiz, tombant par une *housée*
> = auquel quand fut la grand-mère *arrousée,*
> Cria tout hault: "Hers, par grâce, pesche-ic,
> Car sa barbe est presque toute em**b**ousée,
> Ou pour le m**o**ins tenez-luy une eschelle." (43)

Mais la graphie joue ici avec le timbre des cymbales, obstruant l'espace de virgules, de signe égal, arrêtant la continuité du texte à tout moment. Ensuite, l'alternance des consonnes *bpdp* fait heurter le texte sur le sens, et renvoie à un programme de répétitions savamment orchestré dans le paragraphe. La texture du texte imprime un mouvement aux mots et aux graphèmes dans une dimension réprimée de l'espace de la page et de sa configuration, mais marque aussi un jeu constant sur les mots qui trouvent sans cesse des échos nouveaux. L'alternance des verbes au passé et au présent multiplie les champs de vision, produit l'illusion de champ en profondeur, accentuant les qualités visuelles des mots. En ce sens, Rabelais établit un lien avec la tradition des Grands Rhétoriqueurs, ou celle de Jean Molinet, ou de François Villon, qui inscrivaient à l'intérieur de leurs poèmes de véritables mots et rébus. Comme le montre les mots soulignés en caractères gras dans cette strophe, les mots présentent une espèce d'image miroir. Défilent alors sous les yeux du lecteur les jeux graphiques internes du texte, ainsi que l'importance et l'attachement de Rabelais à la théorie de l'origine des lettres de Tory et à leur parodie.[124]

L'alternance de ces lettres aux vers 1 et 2 produit une espèce de decrescendo au vers 1 *ddpdb* 2 *dpd* 3 *pb* pour arriver aux vers 4 et 5 à un jeu plus prononcé 4 *bb* 5 6 *qqdd* 6 *pp* qui donne à ces lettres des variations séquentielles se reproduisant en parfaite alternance d'une part, et qui provoquent d'autre part une espèce d'harmonie visible entre :

```
1 d ompteur   c imbre
2 p eur....r ousée
3 r emply... c imbre
4 t ombant....h ousée
5 gr and... arr ousée
```

Ce jeu se poursuit tout au long du poème. Il attire le lecteur tout en exigeant de lui une attention constante de déchiffrement, lui donnant à voir la forme mouvante de la lettre, qui est en retrait d'une forme statique et figée d'un système d'écriture syllabique. La justification de ce jeu de miroir et d'espace pourrait se situer dans la description très détaillée de l'écriture des lettres de *Champ Fleury* de Tory, comme nous l'avons vu précédemment au chapitre 1. Le rythme visuel des lettres dûment ordonné et calligraphié peut être "monté" et "démonté" à tout instant. Le collage des lettres établit des relations directes entre les lignes et les formes qui s'entrecroisent, se coupent et se renouvellent. Le montage ainsi effectué révèle alors un centre toujours absent, toujours cherché. De par le biais de la construction et de l'agglomération des consonnes, ou des voyelles OU, le jeu d'anamorphose et de déformation des lettres provoque des additions juxtaposées, décentrées qui s'étirent sur la page et montrent une espèce de puzzle. Ce puzzle s'accroît au fur et à mesure de la lecture puisqu'il accroche sans cesse de nouvelles possibilités et de nouvelles variantes sur les mots. Cette possibilité d'anamorphose du texte combine plusieurs "tableaux" montés tout en conservant l'unité au thème donné, celui des bulles d'air. Les distorsions alors ainsi obtenues opèrent à la fois sur le registre visuel et acoustique et donnent des effets "bizarres."[125]

Les Jeux De Miroir

Cette déformation des éléments par accumulation de mots se poursuit tout au long du poème dans un jeu de miroir où se reflètent à la fois l'insistance de Rabelais à créer un chapitre en pleine harmonie; le jeu des graphèmes et de la phonie y éclate et domine le texte. Il donne aussi la possibilité à l'écrivain de montrer une ambivalence de l'écriture et de la lettre. Ce jeu est ainsi symptomatique d'une vue double et paradoxale d'un monde qui change, celui d'un univers en partition, en morceaux où l'analogie est le révélateur au sens photographique du mot[126] de ce qui se passe dans le monde et l'univers spectacle qui se donne à lire.

La conclusion du chapitre éclaire encore davantage le déploiement du titre, sur lequel nous reviendrons dans un instant et montre de façon emblématique les différentes analogies des noms, l'importance des sons, et des graphèmes;

> Finablement, cell*uy* qui fut de *cire*
> Sera logé au g*on*d du Jacque*mart*.
> Plus ne sera réclamé: "C*yre*, C*yre*."
> Le br*im*baleur qui ti*en*t le "cocque*mart*."
> Heu, qui pourroit saisir son bracque*mart*,
> Toust ser*oien*t netz les t*in*t*ouin*s cab*us*,
> Et p*our*roit-on, à fil de p*ou*le*mart*,
> T*ou*t baff*ou*er le maguaz*in* d'ab*us*. (46)

Le mot *cire* de la première ligne évoque l'élément de collage qui permet de relier tous les éléments de puzzle qui ont précédé. Il fait aussi référence à la possibilité de la "glaire amoureuse" alors en directe synchronie avec *"mart"* dans *jacquemart* et *cocquemart*, cloche permettant une ouverture en relation avec le "mart" de *bracquemart*, un étui, un fourreau. Le mot *Cire* peut évoquer également la possibilité du "sire" par homophonie acoustique et provoquer soit la déférence, soit la moquerie. Le mot *cire* peut être délu également de façon *C...ire* comme "cirer les chaussures" entendons établir des louanges de quelqu'un ou "cire le C..." envoyer des coups de pieds aux fesses, formule qui reprend alors les premières lettres de "brim" qui signifie "merde" dans le mot *brimbaleur* ou dans *cabus*. Le *ca* est à la fois le début du mot *caca* mot enfantin, mais peut s'apparenter à une autre partie du corps qui est le cou au 16e siècle. La consonne C alors accumulée tout au long de cette strophe permet une symbolisation soit de la merde, soit d'une partie du corps ivre "cas bu = cou bu" soit du *cul*. Les mots ainsi devenus emblèmes provoquent le rire de par les allusions sexuelles, ou déchiffrent des possibilités d'ivresse *bus* dans les mots *cabus* et *abus* dans les lignes 6 et 8. Le plaquage du mot *d'abus* souligne alors toutes les difformités que le texte peut prendre. Les sons eux aussi se répètent: les deux premiers vers mettent l'accent sur l'opposition entre *b q g* et *d* en accordant également une importance très nette et systématique entre le son nasal *on* et son opposition *ar* et *ir*. Ils créent une espèce de mélodie syncopée, où toutes les sonorités vont retrouver un tempo particulier pour cette dernière strophe qui s'arrêtera aux trois derniers vers dans une alternance rythmée de *ou in ouin u* et *art*. La diversification des sons correspond alors plus que dans la première strophe à une espèce de symbiose de vibrations avec lesquelles Rabelais joue, tout en instaurant à l'intérieur des mots la possibilité d'autre chose, d'un "abus" verbal dont l'auteur proclame la nécessité, par une mise en abîme généralisée du texte explorant toutes les bulles d'air ou fanfreluches.

Abus Graphiques Du Titre

Le traitement graphique du titre est en lui-même révélateur d'un topos sur la boîte à "Silènes" dont parle Rabelais au commencement de son livre: il recèle en lui-même toute les faces cachées que le lecteur peut découvrir. Le titre en forme d'emblème est de caractère différent dans les premières éditions de 1537: il apparaît même en bas de page comme pour inviter le lecteur à souligner cet emblème, et à créer une espèce de suspens: il faut en effet tourner la page pour pouvoir s'apercevoir de la place des italiques du texte. Le texte du chapitre, imprimé de caractère différent du reste du livre délimite l'espace plastique de ce chapitre, et en souligne son importance. Le mot "fanfreluche" inséré dans le titre reçoit un sens plus précis grâce à l'explication qu'en donne l'auteur; c'est effectivement comme l'indique sa définition un ornement, une parure. Le mot indique de par son étymologie grecque "pompholux" la "bulle d'air," côté volatile et fugace d'une signification, en quelque sorte un petit rien, mais de ce même mot, le rien de la "fanfreluche" devient quelque chose de très important de par sa place dans le texte, de par la plasticité de sa représentation, et de par l'importance des mots et des signes cachés qu'il faudra accorder à la lecture. La bulle d'air proposée procède même de l'accomplissement d'une série de riens qui font entendre un bruit, une "antidote" contre le système rigide des vers, ou de la forme structurée de l'écriture. C'est alors que le lecteur doit apprendre à discerner l'invisibilité des mots "antidotés":

Les fanfreluches antidotées" fonctionnent aussi à la fois comme un poison et son contrepoison, à la manière du "pharmakon" que

Jacques Derrida lit dans le *Phèdre* de Platon, puisqu'elles se constituent à la fois comme ce qui détruit une certaine écriture, et ce qui la fait revivre autrement.[127]

Mais ces mots antidotés passent et fluctuent comme des bulles. Le glissement de ces bulles d'air provient d'un montage en perpétuelle circonvolution, l'une mettant en valeur l'autre, qui reprend à son tour autre chose. Ce processus de métamorphose altère alors le découpage interne des parties. Il crée un renouvellement incessant de l'écriture vers un devenir indéfini à l'intérieur d'un cadre immobile. L'espace où s'effectuent ces transformations apparaît dans un quadrillage strict, mais qui est déjoué à tout instant.

Le texte en forme d'emblème des fanfreluches pose à la fois le problème de la parodie, de la découverte d'autre chose, de "petits riens" qui vont alors faire bouger le texte dans un autre sens. La lecture du texte ouvre alors sur la vision d'un monde, où le jeu spéculaire des répétitions et des inversions de toutes sorte, créeront à la fois une mise en abîme et une dissémination de sens de toutes ces bulles. L'ensemble du chapitre forme une composition de lieux, ou différents parcours et traversées peuvent être effectuées. A la construction d'un mot caractéristique isolé, comme dans le mot "cabus" s'ajoute une autre forme, une autre image provenant soit du graphème, soit du son ou des deux possibilités combinées. Le texte est ainsi multiplié à l'infini.

Au cours de l'étude de *Gargantua* d'autres épisodes emblématiques visent à une redécouverte des écritures énigmatiques et hiéroglyphiques et sèment au tout premier abord de la lecture, à la fois déroute et interrogation dans l'esprit du lecteur. L'exemple du chapitre V livre un exemple caractéristique de la pose d'emblèmes allégoriques et hiéroglyphiques d'un monde qui change. Si les chapitres 1 et 2 annoncent la généalogie de Gargantua, les chapitres 3–4 le travail de la mère et le chapitre 6 la naissance tant attendue de Gargantua, le chapitre 5 pose problème car il s'inscrit comme en surplus et semble sortir du cadre de montage. Seule une analyse graphique semble résoudre le problème de la continuité du texte. En parfaite analogie avec le chapitre 2, il propose une espèce d'opposition aux "fanfreluches anti-dotées" par le lien qu'il établit ici avec les livres et le vin.

Tout comme dans le chapitre 2, les propos tournoient sur des boites à silènes qui s'emboîtent les unes dans les autres de façon magnétique. Elles s'attirent et s'adaptent les unes aux autres au fur et à mesure comme après la fermentation du livre (ou du vin) dans des pressoirs qui subissent divers bains, elles font tourbillonner les chiffres et les lettres du texte. Si l'ensemble du chapitre comme le note Boulenger semble compact, le montage des lettres illustre une force emblématique, qui fonctionne comme un ressort. Le titre du chapitre V intitulé "des propos des bien Yvres"[128] avec le mot caché et inséré L.............................YVRES, ouvre une béance entre la tradition orale, le discours proposé, et la cachette des mots qui semblent se décongeler au fur et à mesure de la lecture et de l'analyse. Ainsi, le mot *lyvre* et par renversement *hyver* ("un jour de febvrier" comme le stipule le texte, où on entend le mot "fève," grain qui pousse, comme le texte) met en scène les rudes saisons où se fait la découverte du livre et entonne un chant surprenant dans ce chapitre: il est sans arrêt soumis aux différentes voix tonitruantes de toutes parts. Le texte s'attache à représenter tous les mondes silencieux, marquant à la façon d'un rébus l'importance du livre, contrastant les paroles ivres, qui surgiront du néant. Or ce titre dessine aussi l'importance de la lyre dans ses graphèmes, donnant une espèce de jeu kaléidoscopique, ponctué d'échos musicaux sur la *beuvrerie*, et la narration de l'histoire, qui est égrenée, tout comme un *bréviaire*. Rabelais joue ici constamment sur les ambiguïtés des figures hiéroglyphiques pour incorporer la matrice du livre, de son chant, et paradoxalement de son silence, dû au trop plein d'informations crée à chaque détour de ligne.

En effet, la clameur du texte se voit recouverte et anéantie par un vide qui se répercute de page en page: le 16e siècle finit de proclamer la tradition orale d'un monde, en même temps qu'il se voit titillé d'envisager celui d'un nouveau monde. Partagé entre les deux extrêmes, celui de chanter les prouesses du siècle dernier, et celui d'entonner un nouveau chant sur le 16e siècle, celui d'une Renaissance, le 16e siècle continue de manipuler des notions ancrées dans le savoir et l'érudition, comme *l'imitatio*, qu'il faut à tout prix modeler sur le savoir des anciens et qui chante la gloire de Dieu. En même temps, apparaissent de nouvelles stratégies techniques: la copie et la recopie des livres, qui étaient déléguées aux prêtres érudits et qui fonctionnaient en vase clos dans un système restreint d'érudition par rapport aux textes anciens, est l'objet d'un bouleversement radical, dans la façon d'envisager l'écriture du livre, non plus émise comme la dite et redite de faits *ad maiorem Dei gloriam*, mais diversifiée dans ses histoires, et ses méthodes de narration. Or, cette oscillation constante entre les deux pôles noie encore davantage les écrits et les chants dans un silence, qui cancérise toutes les œuvres.

> Il y a deux silences dans le silence. Celui qui se conçoit mais ne se représente pas, donne leur nom commun aux deux silences. Concevoir l'idée du silence, serait-ce une expérience du silence absolu ?
> Dans le silence qui m'enveloppe de son bruissement, mon corps, tendu par l'écoute est la frontière qui marque le bord de l'irreprésentable vide. Puis j'invente dans le vocabulaire le nom qui ne représente rien, je dis j'écris le nom vain du silence. Du silence vide de sons, qui ne se représente pas, le mot silence, lui aussi, est ce bord quand je parle ce mot puis me tais pour guetter les échos des sons qui résonnent dans un sens vide.[129]

Le texte de Rabelais est mu dans plusieurs sortes de silences, celui de l'écrivain essayant par les innombrables emblèmes allégoriques et hiéroglyphes, les répétitions, les arrêts langagiers, les découvertes linguistiques, les reprises de termes de concevoir un silence qui est mis en scène, et le deuxième grand silence de l'auteur, fasciné par ce gouffre insondable.

Ce vide "irreprésentable" trouve dans ce chapitre une place prépondérante de par la structure du texte, mais aussi du fait même d'avoir été conçu: Rabelais tente de matérialiser de façon emblématique l'irreprésentable de toutes ses forces, de montrer l'importance de ce vide matériel et immatériel avec les moyens dont il dispose. C'est comme un livre à venir qui se cherche, et se parodie tour à tour. Toutes les voix surgies, d'où proviennent-elles dans ce chapitre ? Sont-elles la marque de Dieu ? Ou prouvent-elles au contraire une absence personnifiée de Dieu qui se cherche de phrase en phrase, le vin écoulé ici faisant peut-être délier les langues, et des chants, selon un vieux proverbe?

Les Chants Des Silènes

Ainsi, la mélodie du texte s'égrène après ouverture de la boite des silènes,[130] associés aux silences tus, et vus donnera, comme les sirènes avec *Ulysse* dans *l'Odyssée*, un chant, rendu ici non mélodieux mais syncopé de différents rythmes de voyelles où la particularité des sons **eu**, **oi** disséminés tout au long du chapitre V, se brise dans un ensemble de sons durs, et affriolants; la multitude des voix ne fait qu'accentuer le silence du texte. Elle fait miroiter tout un réseau insoupçonné de sons et d'images particulières, attaché à la vue, l'ouïe, l'odorat, et aux sens olfactifs dans une ivresse d'images.

Livre, ivre et le mot *hyver* s'intervertissent dans le texte à tout moment pour livrer et délivrer des notions graphiques inconscientes bruyantes, où l'omniprésence de l'hiver s'associe avec l'ivresse et fait la pose aux formes de l'été où l'on cueille le raisin et le met en bouteille:

> Soif, car qui eust beu sans soif durant le temps de innocence ?
> Beuverye, car *privatio presupponit habitum.* Je suis clerc. *Fœcundi calices quem non fecere disertum* ?
> Nous aultres innocens ne beuvons que trop sans soif.
> Non, moy pécheur, sans soif, et sinon présente, pour le moins future, le prévenent comme entendez. Je boys pour la soif advenir.
> Je boys éternellement. Ce m'est éternité de beuverye et beuverye de éternité.
> Chantons, beuvons, un motet entonnons !
> Où est mon entonnoir ?
> Quoy ! Je ne boys que par procuration !
> Mouillez vous pour seicher, ou vous seichez pour mouiller? (51)

Mais le bruit de ces chants se trouve également murmuré et chuchoté tout au long du texte dans la forme du S. La soif insatiable des mots du texte trouve son excuse dans les derniers mots de Jésus Christ: le mot *Sitio*, est traité de façon parodique certes, mais fait référence à l'ambiguïté même de la position liturgique du Christ. Délue, la forme alambiquée de cette lettre, composée de façon symétrique comme le note Tory[131] se trouve formée de deux cercles irréguliers, l'un sur l'autre, montrant de par sa nature graphique à la fois la souplesse, et de par la ligne tortueuse une forme architecturale. Cette lettre se réfère également aux passages des anciens, qui la mettaient en devis devant leur porte pour pouvoir manger et dîner tranquillement. Elle change à la fois l'atmosphère chuchotée, provoque l'équivoque tout au long du texte sur les propos vus et lus. Au savoir des curieux, boire associe un savoir livresque, qui doit tempérer ici les propos. La soif étanchée du chapitre est un fantasme de désordre absolu, où toutes les différences sexuelles seront abolies dans l'ordre du carnaval, la convenance sociale demandant cependant de pouvoir s'arrêter à temps.

D'autre part, les deux moignons du S forment des morceaux très caractéristiques de parcellisation de corps que nous retrouverons tout au long des chapitres. Les "machines désirantes" du texte[132] fonctionnent de façon autonome, dans un milieu économique restreint du livre et produisent l'état embryonnaire des voix, qui se répètent:

Tout "objet" suppose la continuité d'un flux, tout flux la fragmentation de l'objet. Sans doute chaque machine organe interprète le monde entier d'après son propre flux, d'après l'énergie qui fuit d'elle: l'œil interprète tout en termes de voir, le parler, l'entendre, le cher le baiser... Mais toujours une connexion s'établit avec une autre machine, dans une transversale où la première coupe le flux de l'autre ou "voit:" son flux coupé par l'autre.[133]

Si l'on met en application cette phrase sur le schéma ci-dessous et sur le texte de Rabelais, on s'aperçoit que le flux du texte se voit sans arrêt arrêter de par la forme graphique du S, et coupe à tout instant son débit.

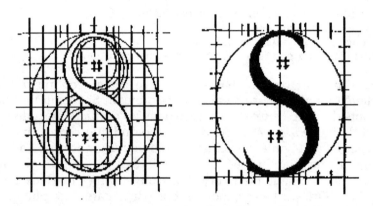

Figure 12. Lettre S de Geoffroy Tory, dans *Champ fleury*(Bourges, 1529). Courtoisie de la bibliothèque du Minnesota. *Special Collections.*

Le bruit du **S** qui se fait écho de ligne en ligne se retrouve également projeté par renversement des lettres du mot bruit disséminé tout au long du texte:

Je ne boy qu'à mes heures, comme la mule du pape
      B   R   U
ou encore;
Je ne boy que en mon bréviaire comme un beau père guardian.
      B   R   U   I
Nous aultres innocens ne beuvons que trop sans soif.
                           B   R   OI
Boire à si petit gué, c'est pour rompre son poictral

B R   U   I
et ;   Grande, car bouteille est fermée à bouchon, flaccon à viz.
                B   R   U   I
ainsi que dans le mot Beuvrerie
            B U R I par déformation

Le mot bruit qui vient du latin *brugere* est une forme hybride de *rugire* et *bragere* qui a donné en français *braire* et *brailler* ou *broyer*[134] et dont la lettre **B** ici, comme l'indique Goeffroy Tory,[135] devrait se prononcer avec les lèvres semi-ouvertes, par force et par expulsion du souffle. Cet auteur associe la lettre **B** au mot grec *vita* qui signifie vie. S'ensuit chez Tory une liste de diverses prononciations chez différents peuples gascons, allemands et autres qui ont toutes la particularité de faire sourire en raison de la déformation de la prononciation de la lettre. On trouve également des exemples issus de l'ivresse et de la boisson: ainsi, les Gascons disent "Iay veu de von bin" au lieu de "iay beu de bon vin." Or l'inversion des lettres **b**, **v** et **m** est également reprise de façon éparpillée chez Rabelais dans le chapitre 5 et insiste à la fois sur la vision ou sur la motion des éléments. Ainsi, nous avons:

    Boyre à si petit gué, c'est pour rompre son poictral. (52)
    Voyre

Cette formule est un adage particulier pour les chevaux, puisque ces derniers harnachés peuvent difficilement s'abreuver si le niveau de l'eau est trop bas. Inversons les lettres **b** et **v**. Dans ce cas, le mot *voyre* est mis en place et donne alors une autre dimension au propos assimilant alors la vision qui est faite avec des œillères et impossibilité de pouvoir aller plus avant. De même, plus loin, dans le texte:

    Diriez-vous qu'une mouche y eut bû ? (52)
           bouche   mu

Les rotations des consonnes **b** et **v** s'exercent ainsi à travers tout le texte accumulant un bruit cacophonique qui ne fait que se transmuer petit à petit en silence.

Et ces propos de beuverie sont ici associés à la marque d'une *Traumendentung*. Rêve, re-vus et ré-bus sont associés puisque les graphèmes de **b** et **v** s'entrechoquent et font exploser le texte à chaque tournant de phrase; ils associent également la bure, ce manteau de laine très enchevêtré que revêt le texte, énigmatique, prophétique, ou peut-être tentation de retrouver un discours d'origine. Si l'on retourne le mot rébus on y trouve également le mot *suer*, qui se rattache directement au dur labeur de l'écrivain, qui chante un air continu sur une page blanche. Le *resve* est un *resve* d'une écriture littérale à la recherche d'un autre temps que l'hiver pour montrer un autre monde, la naissance du nouveau né Gargantua étant située quelques chapitres plus loin.

Les Silences Béants

Mais les silences peut-être les plus insolents sont les deux béances du texte à l'introduction et à la fin du chapitre. Elles représentent un emblème dans l'emblème et agissent comme *subscriptio* et *inscriptio*:

- Baille !
- Tourne !
- Brouille !
- Boutte à moy sans eau (50)

Ici, la combinaison du **b**, du **ou** sature le texte dès les premières lignes par accumulation, et alignement de termes les uns au-dessus des autres, concentrant tout l'effet comique par des verbes courts qui entonnent le début du chapitre et ne cesseront de se renvoyer de mot en mot, obstruant l'espace.

Puis entrèrent en propos de resjeuner on propre lieu. Lors flacons d'aller, jambons de troter, goubeletz de voler, breusses de tinter. (50)

Les *jambons* sont associés soient aux animaux soit aux iambes et rythmes du texte qui avancent régulièrement (*trotter* dans le texte). Le *rejeuner* n'est pas seulement le fait de déjeuner de nouveau, c'est aussi jeûner le texte, le marquer d'un trou, de le laisser aussi lisse, donc de le renouveler dans toutes ses limites. Puis à la fin :

Natura abhorret vacuum.
Diriez-vous qu'une mouche y eus beu ?
A la mode de Bretagne !
Net, net, à che pyot !
Avallez, ce sont herbes ! (54)

La phrase latine procure le renversement des effets des premiers mots. Si la nature a horreur du vide, la page se voit enfouie sous un amoncellement de voix ivres vociférant dans tous les lieux de la page. Le vide ici s'enivre de divers propos cités, et fait du bruit. Ce paragraphe ainsi coincé entre deux chapitres narratifs joue à la fois sur les propos, les boissons et relève d'une citation rhétorique. Il recouvre diverses voix, confronte l'oralité des textes, si chère au Moyen-Age, et tente de retracer les dires dans l'espace précis d'un seul chapitre, criant de tous les côtés des listes qui s'accrochent et tentent de réinscrire des voix antérieures. Ce chapitre constitue un noyau très important, puisque de par son emplacement, il montre un monde en plein déclin, un monde qui se cherche à travers toutes ces voix appelant le lecteur tel des sirènes sur d'autres lieux de découvertes. Il promet même aux lecteurs une cure, puisque le vin provient d'herbes et serait par conséquent bénéfique: le fait d'ingurgiter la boisson fera délier les langues, ou fera tout oublier, comme au passage de la mort dans l'antiquité, lorsque l'homme devait boire l'eau du Styx: selon sa capacité d'absorption, il se trouvait être plus au moins capable de se souvenir de sa vie antérieure lorsqu'il était de nouveau rappelé à la vie.

Le vin devient un élixir magique en quelque sorte, puisqu'il se trouve chanté par les voix, permet l'oubli du texte traditionnel: celui-ci n'en reste pas moins émaillé de citations latines, de propos divers, qui deviendraient alors des réminiscences plus ou moins profondes du passage de la mort. Cet épisode entre la vie et la mort projette ainsi localement un appel aux formes traditionnelles de l'*imitatio*, il décèle les images traditionnelles, les *topoi*, en les faisant lire au pied de la lettre et en s'en moquant. En même temps, il comble l'écart qu'ils provoquent entre les mots et les choses par une stratégie verbale, qui parcourt chaque ligne.

L'équivoque des propos des bien Yvres génère ici une description tout à fait hétéroclite, qui procède à la fois de l'érudition traditionnelle, touchant plusieurs sujets comme celui des vignerons, des pharmaciens, de différents patois, mais qui grâce au titre du chapitre *Yvre*, promet une ivresse où la lettre **Y** crée un lien entre le monde ancien et un monde qui veut changer. La lettre **Y** a en effet un emploi bien défini comme le montre l'analyse de l'alphabet de Geoffroy Tory, dont l'influence est proéminente tout au long de l'œuvre de Rabelais.[136] Tory soumet deux dessins différents dont l'un joue plus fortement le rôle d'hiéroglyphe, donnant ainsi au lecteur la possibilité de contempler une vision mystique.[137] Comme le montre la figure 4 le **Y** est transformé en balance, jaugeant sur la partie gauche les sabres, les balais de sorcière, les carcans, le mat de pendaison suspendus à un même fil au-dessus un brasier, alors que l'autre branche de droite voit s'échelonner de haut en bas une couronne de lauriers, des palmes, des livres, un stylet et enfin une couronne. Ce schéma est lui aussi traité de façon plus emblématique que la figure 5 de par la circonvolution de la couronne de lauriers, marquant un espace plus défini d'un cercle magique et concentrique.[138] Ce cercle fait appel à un savoir hiéroglyphique qu'il faut déchiffrer, où sous le signe du sacré, le lecteur entre dans une certaine vision mystique du monde, où il devrait pouvoir comprendre ce dernier et voir son unité donnée après déchiffrage des lieux.

Fig. 1. Geoffrey Tory, Champfleury

Figure 13. Lettre Y de Geoffroy Tory, dans *Champ fleury*(Bourges, 1529). Courtoisie de la bibliothèque du Minnesota. *Special Collections.*

Fig. 5. Geoffroy Tory, Champfleury

Figure 14. Lettre Y de Geoffroy Tory, dans *Champ fleury*(Bourges, 1529). Courtoisie de la bibliothèque du Minnesota. *Special Collections.*

L'autre dessin, figure 5, présente deux hommes: celui de gauche gravit des marches pour atteindre une plate-forme aménagée qui offre des mets savoureux. L'autre partie de la branche du Y montre un homme qui atteint péniblement le sommet: la plate-forme de droite débouche sur l'apparition d'un homme assis sur un trône et couronné, alors que l'image de gauche montre la chute d'un homme dans un brasier après l'absorption d'un grand repas. Cette forme de lettre ainsi décrite par Tory et moralisée chez Rabelais projette un moyen mnémotechnique de mémorisation, caractérise de manière allégorique la fin d'un monde et visualise la leçon dont Rabelais nous donne peut-être un avertissement. Ce chapitre constitue un exemple très synthétique d'un mouvement prédominant dans le texte, projetant par la forme des lettres cette cuvette béante, qui assure à la fois l'accumulation d'un savoir qui stagne, mais qui peut être également source de renouvellement. Par son transfert métaphorique au dessin et images divines, le texte s'approprie en quelque sorte les vertus du vin et par un tour d'écriture, en dément l'opération.

Les Allégories Emblématiques Du Chapitre 5

L'allégorie représentée dans ce dessin est assez courante chez Rabelais. Elle situe deux modes qui se voudraient distincts, et qui font interférer un schème ethico-religieux. Si l'on parcourt le schéma ci-dessous[139] le haut de la pyramide, en conséquence ici les deux branches du schéma B interfèrent directement avec les forces surnaturelles et permettent de lire le monde d'une certaine façon.

(Dieu)
forces surnaturelles
forces naturelles
----
actions humaines
forces surnaturelles
(Démon)

Ce mode de lecture poussé de la forme Y montre une dichotomie entre deux mondes où le sens des choses reste masqué pour le commun des mortels proclamant ainsi la marque de Dieu; après une délecture et une relecture attentive, plusieurs vérités se dévoilent, montrant également l'impact de Dieu, qui fait l'unité dans toutes choses.

Ainsi, si diverses significations s'échelonnent tout au long de la pente du schéma de la lettre Y, elles restent cependant, chez Rabelais, dans son chapitre 5 un jeu dans le jeu de cette connaissance: l'auteur déjoue ce système en introduisant de nombreux éléments de puzzles, qui semblent s'amonceler sans aucune référence précise. L'unité du chapitre provient alors de l'ancrage permanent de tous ces "trous" que forment ces voix: elles créent une espèce de tapisserie et s'accrochent les unes aux autres dans un immense brouhaha pour introduire toutefois de façon paradoxale un silence: ce dernier résonne en quelque sorte tout au long du livre et porte un écho sans cesse amplifié sur les chapitres suivants.

Les Emblèmes Détachés: Les Listes, Les Colonnes et Les Mottos.

D'autres emblèmes insérés à l'intérieur de certains chapitres juxtaposent ces emblèmes plus "détachables." A titre de démonstration, nous en ferons l'étude de deux ou trois, puisqu'ils caractérisent un mode de narration et de description qui entraîne le lecteur sur autre chose, lui offre une autre possibilité de lecture. Le chapitre 8 par exemple, est un texte emblématique de mode hiéroglyphique, c'est-à-dire dire de signe sacré faisant entrer le contemplateur dans une vision mystique:

> Par son image avoit, en une platine d'or persant soixante et huyt marcs, une figure d'esmail compétent, en laquelle estoit pourtraict un corps humain ayant deux tyestes, l'une virée vers l'aultre, quatre bras, quatre piedz et deux culz, telz que dict Platon *in Symposio* avoir esté l'humaine nature à son commencement mystic, et autour estoit escript en lettre Ioniques. (62)

Pris comme devise ou *impresa*, l'image visualise un trait personnel du petit Gargantua. En fait, elle sert à magnifier la mise en abîme du texte, et reprend l'idéal d'unité qui se trouve dans la diégèse du texte. De même, la pose de listes à l'intérieur du texte au chapitre 13, ainsi que la mise en place d'un rondeau produisent un emblème de type hiéroglyphique: une vérité mystique semble se dégager de ces listes. Leur lecture met en relation le monde et Dieu. Les listes accentuent le rythme des mots, arrêtent le texte sur l'image et le son, détournent l'*impresa* à des modes de constructions particulières chez Rabelais. Au chapitre 13, nous avons:

Chiart,
Foirart,
Pétard,
Brenous,
Ton lard
Chappart
S'espart
Sus nous.
Hordous,
Merdous,
Esgous,
Le feu de Sainct Antoine te ard,
Sy tous
Tes trous
Esclous
Tu ne torches avant ton départ (78)

La mise en place en "colonne" de cette liste, sera reprise de façon continuelle à travers tout le texte de *Gargantua*, par exemple lors de la liste des jeux du chapitre 22. Cette liste de jurons interrompt le texte, et de par sa disposition produit un rythme de psaume chanté, faisant sans cesse référence aux chants grégoriens, ou aux prières latines: sa force de réitération donne une unité et un rythme très particulier au texte. Rabelais joue aussi du format de ces listes: il imprime une torsion aux mots. Ces listes emblématiques constituent une plaque tournante dans l'essai de narration et mettent en relief le soin de l'auteur à rechercher toutes les formes possibles visuelles, graphiques, plastiques de détourner l'écriture. Forme et fonds de l'expression se joignent dans une symbiose, qui suscite le rire et crée une équivoque sur les mots et les graphèmes. Ils deviennent une sorte de texte dans le texte. Ainsi l'épigraphe du chapitre 21:

> Lever matin n'est poinct bon heur
> Boire matin est le meilleur (97)

assure une rupture avec le texte, tout en martelant une bonne humeur et une insouciance des mots.

L'un des emblèmes les plus caractéristiques du livre est également "fay ce que vouldras." Inséré après le premier paragraphe du chapitre 57 "Comment estoient reiglez les Thélémites à leur manière de vivre," il doit donner et résumer la devise de l'abbaye. Pour frapper les esprits, il est court. A bien le lire, la déviation des mots, notamment à cause de l'orthographe, fait porter sur les sonorités "fesse et culs vouldra." Cet emblème donne une transition au texte, tout en faisant passer une notion, ou une leçon d'indépendance "feinte"; qui y-a-t-il en effet de libre dans cette abbaye où tout est régi selon des lois? La notion d'équivoque et de rire reste à l'intérieur même de cet emblème savamment ordonné et situé très nettement à la fin de *Gargantua*. C'est également une des devises les plus connues de l'auteur. De type allégorique, elle incite le lecteur à tisser un rapport thématique avec la réalité. Mais également hiéroglyphique de par la transgression spatiale et orthographique des mots, l'image essaye d'accéder à la "connaissance des choses."

Dans *Gargantua*, il existe d'autres chapitres dont la place dans le livre, et la différence de caractère témoignent comme le chapitre 5 et 2 d'une emblématisation particulière, d'un jeu graphique, sonore de l'espace de la page.

Les chapitres 54 et 58 présentent un moment tactique que nous étudierons à la faveur d'une analyse textuelle et graphique. Ces chapitres, eux-aussi insérés en caractère bâtard ou en italique dans les premières éditions, ont la particularité de donner lieu à un jeu d'écho. Quatre chapitres les séparent l'un de l'autre: ils assurent de façon symétrique un renvoi constant entre eux deux et interrompent momentanément la poursuite des aventures. Ce retard dans la narration pose à la fois le problème de l'espace de la narration du texte, tout en insistant sur la mise en place dans un décor figé dû à l'écriture différente d'un "plaquage" verbal que Rabelais veut délimiter et réitérer à la fois. Ainsi l'auteur veut provoquer une espèce d'équivoque généralisée, parodier les textes emblématiques, où la forme et le fonds se séparent peu à peu, mais en même temps créer une atmosphère très particulière de surprise. Les deux chapitres fourmillent, comme nous l'avons vu pour le chapitre 2 de similitudes quant à la forme, la disposition des lettres, mais aussi à la place des voyelles et des consonnes. Le texte qui agit dans les deux cas en tant que *subscriptio* est traité en vers, donnant la possibilité à l'auteur d'effectuer un jeu plus approfondi de rimes, et de rythmes infusés de façon répétitrice dans les deux chapitres.

Le titre du chapitre 54 est "L'inscription mise sus la grande porte de Thélème." Le texte alterne de strophes de huit lignes et de six lignes. Destiné au linteau de la porte de Thélème, la forme des vers doit provoquer l'œil du lecteur, ou du passant. Il est ainsi incorporé de façon didactique: c'est un emblème qui promeut Thélème. L'analyse paratextuelle du texte de ce linteau porte une double tension, entre marge et texte lui-même pour laquelle le *paratexte* travaille dans tous les méandres des lignes. Tout le texte écrit en italiques met en valeur le pouvoir de cet emblème et accroît son importance spatiale, qui est à la fin du texte. Il en fait un élément détachable, qui pourrait se situer un ou deux chapitres avant. Dans cette construction, Rabelais offre au lecteur un choix de possibilités de lectures sur différents thèmes (le jugement, les procès, les débats) avec en alternance un refrain qui est psalmodié "Cy n'entrez pas ..."

La première série de huit vers révèle ainsi une espèce de harangue pour éviter les imposteurs, et les indésirables. Cette harangue se poursuit pendant quatre strophes. Le rythme s'accélère à chaque instant:

Cy n'entrez pas, hypocrites, bigotz,
Vieulx matagotz, marmiteux, boursouflez,
Torcoulx, badaux, plus que n'estoient les Gotz
ny Ostrogotz, précurseurs des magotz,
Hayres, cagotz, caffars empantouflez,
Gueux mitouflez, frapars escorniflez,
Befflez, enflez, fagoteurs de tabus;
Tirez ailleurs pour vous vendre voz abus. (197)

Si l'on croise deux lignes allant de *cy* à *abus* ainsi que de *bigotz* à *tirez* ou deux perpendiculaires, le centre de cette strophe offre à la ligne 4 le mot *précurseur*, montre dans le mot *curseur* l'importance du stylet. Ce dernier permet d'écrire et d'enrouler les mots de Rabelais à l'infini à l'intérieur de chaque strophe ou de chaque ligne. Des images et des sons se déroulent alors devant le lecteur de façon infinie. Cependant des angles d'arrêt peuvent être déterminés au centre des strophes ou aux premiers coins des lignes. Cette manière tabulaire de lire est bien connu des rhétoriqueurs. Rabelais utilise ce principe pour aller plus loin dans l'enroulement de ces mots qui finissent par déboucher paradoxalement sur un ensemble de silences tourbillonnants. Les rimes suivent l'ordre *abaabbcc*, offrent par conséquent un mélange entre rimes riches et croisées aux deux premiers vers et embrassées à la fin de la strophe. Ces rimes sont multipliées à l'intérieur même de la strophe par l'homonymie des noms donnant au texte une dimension cacophonique. Elles pourraient être considérées ainsi comme rimes équivoques, c'est à dire contenant la possibilité d'une signification "double" autre, qui recèle une certaine "musique" jouant à la fois sur ces mots et "l'innocence" perdue:

> L'équivoque porte le deuil d'une éloquence sacrée (rhétorique et musique étaient alors, vraiment une même chose) où la bouche restait sage et fidèle à son Dieu...[140]

Ainsi si l'on analyse quelques doubles dans les premiers vers et les derniers vers du chapitre 54 et 58, il serait intéressant de voir si les rimes renvoient à un processus dialectique. On s'aperçoit vite que la *paronomase* ou *annominatio*, qui fait ressembler de façon phonique les mots, souligne les différences sémantiques et accroît les oppositions des mots comme "gotz et bigotz." Un autre montage, lui aussi classique, met en scène l'homonymie des mots.

Les Glissements De La Paronomase

Or, cette équivoque de la *paronomase* est non seulement mise en lumière dans le chapitre 54 et 58 pour faire rire, mais elle tend aussi à détruire de façon systématique tout énoncé éventuel que Rabelais pourrait soumettre entre "tabus" et "abus" de la première strophe. L'abus verbal engendre alors la rupture du discours, suscite le rire, et relance l'écriture à chaque tournant de phrase. Enfin, la dernière strophe joue sur l'ambiguïté du mot "par don" et "pardon." Le texte devient à la fois ainsi un "don" de l'auteur et offre la possibilité de pourvoir se racheter. Si la cheville peut paraître grosse, elle confirme cependant l'être avec le paraître visuel. C'est sur ce "reste," que porte l'équivoque. Un glissement s'effectue qui souligne l'idée de la pauvreté de la rime, la grossit, la dépouille. Ce "reste" de la rime montre le texte au bord d'un gouffre, d'un vide. L'écrivain le recherche à travers les mots et réussit à le noter de façon subversive:

> Pour le dire de façon pédante: ce n'est pas le syntagmatique qui se met à fonctionner comme le paradigmatique, mais l'*inverse*. Il n'y a pas de parallélisme, pas de répétition mais, j'ose dire, *dé-répétition*, par quoi l'on profite des ressemblances de mots pour enclencher une sorte d'embrayage perpétuel, de *glissando*, de *traversée* , c'est le sens initial du *traductio*, cette figure qui consiste à répéter un mot dans un sens différent, une homonymie.[141]

Dans l'exemple de la dernière strophe, Rabelais établit un jeu qui se déplace sans arrêt sur les mots, l'acoustique, et sur le vide qui transparaît paradoxalement au sein de la cacophonie des sons ON:

> Or *don*né par *don*
> Or*don*ne par*don*
> A cil qui le *don*ne,
> et très bien guer*don*ne
> Tout mortel peud'*hom*
> Or *don*né par *don* (198)

Le procédé de la rime équivoque reprend les mots "don et pardon" certes, mais l'équivoque se double elle-même dans la répétition du premier et du dernier vers: grâce à l'enjambement au vers 2, Rabelais compte donner au mot ce que les grammairiens "modistes" appelaient une "raison" une *ratio consignificandi*. Or, l'auteur déjoue cet enjambement par l'emploi de "A cil" qui en tant que préposition et pronom, n'offre aucune explication. Allons plus loin: l'articulation de ce pronom est lui même équivoque: qui est ce "cil" ? La volonté de clore le texte par le mot "don" cristallise l'effet du "a cil" et permet à l'auteur de fermer le chapitre sur le "don." Bien qu'il soit enfermé dans un registre clos, le mot "don" laisse échapper un cri-jeu, celui peut-être du pardon des luttes entre protestants et catholiques, un jeu sur les mots qui ne veulent plus rien dire, mais aussi un plaisir de l'écrivain qui manie la matérialité des mots pour montrer un vide, une énigme, une énigme en prophétie du chapitre 58, deux chapitres plus loin.

Ce chapitre pose un écho au chapitre 54. Placé de façon stratégique à la fin du livre, il répond au chiffre pair des "fanfreluches antidotées" du chapitre 2, tout en posant la question des "riens" et des "bulles données." Le chapitre écrit en vers comporte une strophe de 90 vers de 10 pieds chacun, suivis de deux strophes de neuf vers de 10 pieds chacun. L'espace dévolu au chapitre est grand: il montre l'influence des Grands Rhétoriqueurs certes, mais l'amalgame des rimes équivoques comme "ouvrage-couraige" ou "débatz- de pas" détourne ce genre de poésie. Le titre du poème se montre comme *inscriptio* de l'emblème, puis la représentation picturale et l'interprétation comme *subscriptio*. La *pictura* de l'emblème est à la fois l'image de l'hiver, image récurrente et disséminée dans tout le texte. A travers différents thèmes, Rabelais exploite une série d'images et de variations, dont le thème de base le "devenir de l'homme" réapparaît plusieurs fois comme un leitmotiv. Le texte imprimé de lettres différentes pourrait être considéré comme emblème de fermeture du livre. En fait il échappe même à cette structure, puisque cette fin présente un travail sur la prédestination, et fait une allusion directe au débat religieux de l'époque. L'homonymie des syllabes ne provoque pas la fin. L'auteur convie le lecteur à découvrir et à rêver sur ces phrases.

> Que, ce travail en tel poinct terminé,
> Un chascun ayt son sort predestiné.
> Tel feut l'accord. O qu'est à *révérer*
> Cil qui en fin pourra persé *verer*. (206)

Ce texte inséré à la fin du texte du livre reprend de façon autre, mais toujours de façon constante, cette plasticité du jeu de l'agencement de la page, de l'écriture et du titre proprement dit. Par le jeu systématique et amplifié des répétitions et des inversions, nous voyons des figures de palinodie régressive ainsi qu'une mise en abîme générale. Une vison d'un monde paradoxalement silencieux s'ouvre alors aux yeux du lecteur. Et cette vision réapparaît à travers tout le texte. Les métamorphoses successives des mots altèrent tous les découpages internes du texte. Elles créent un devenir infini à l'intérieur d'un cadre immobile. Les mots y sont passants, ils s'écoulent, ils muent. Si l'espace de ces deux chapitres 54 et 58 où s'effectuent ces transformations apparaît dans un quadrillage abstrait, qui peut être lui-même déconstruit à tout moment, il fournit dans chaque plan, dans chaque strophe une disposition de figures et d'images qui se répète. Cet agencement offre alors une composition totale de lieux offerts à des parcours et à des traversées: la distinction même de ces traversées octroie alors un moyen de déviance, entendons par la une subversion encore accrue sur les mots.

Les mondes Pluriels de Gargantua

Par l'étude de certains emblèmes du livre, nous avons pu voir que la science emblématique n'était pas gratuite. Elle ne sert pas à instaurer une rupture dans le texte. Elle relève d'un procédé d'écriture très connu au 16e siècle, et dont Rabelais se sert, comme élément de parodie. Elle se soucie de donner une continuité au texte par réitération de ce mode d'écriture. Enfin, la science emblématique impose au texte de *Gargantua* une vision du monde: celle d'un monde mystique et celle d'un monde allégorique. Dans le texte, les emblèmes de type allégorique ont mis en scène des symboles thématiques et didactiques qui portaient des considérations sur la morale, l'harmonie sociale. Les emblèmes de type hiéroglyphiques de *Gargantua* ont élaboré une vision mystique, dans un registre situé hors du temps, transmis de génération en génération par la sagesse des images, qui passent et fluctuent. Dans les deux cas, les emblèmes ont offert des parcours sur les mots et les lettres, leurs graphèmes. Leur plasticité s'est étirée au fil des pages et a fait bouger le cadre rigide de la page, établissant un haut degré de subversion par rapport à la permanence de ce cadre rigide.

La double vision que nous avons découverte a montré une vue paradoxale de la vérité. L'ambivalence générale a provoqué le lecteur par des objets concrets du monde qui tissaient entre eux des liens avec une invisible réalité et des images emblématiques, "mystérieuses" qui remettaient à plus tard la connaissance de toute vérité ultime. Cette ambivalence s'est inscrite dans le pluralisme culturel, au cœur du débat du 16e siècle, en reflétant simultanément les connaissances du passé et l'organisation d'un monde à venir.

Conclusion

Gargantua représente un moment fondamental de l'écriture dans l'œuvre de Rabelais. Que ce soit du point de vue historique, Rabelais marque et trace une reprise des aventures de *Pantagruel* en élargissant les thèmes, en les modifiant, en prenant plus de liberté vis à vis des *Grandes Chroniques*. Que ce soit du point de vue de la Réforme, le livre inscrit de nombreux échos sur les guerres de religion, le tumulte et la cacophonie de *l'affaire des Placards*, qui a bouleversé à cette époque le monde des Catholiques et Protestants, et de la société en général. Le livre reflète les démarques de la censure notamment dans l'avant propos écrit, après la parution du livre, et porte un témoignage constant aux références historiques du temps, dans l'énonciation des guerres, la découverte famélique des territoires de Picrochole, des inventions architecturales, de perspective, ou techniques, comme celle de l'imprimerie.

Mais aussi le livre prend un tournant caractéristique dans l'écriture. Ma première tâche a donc été de voir en quoi et comment Rabelais s'attachait à pulvériser des notions traditionnelles de *l'imitatio* et de la *mimesis*, véritables plaques tournantes de l'histoire de l'écriture. L'écriture de Rabelais est un effet constant de subversion entre ces deux modèles. Ainsi, s'il se sert des citations latines ou grecques, ce sont certes pour mieux indiquer son érudition. Mais il détourne à tout moment les citations, les références. Motivé par la richesse verbale, visuelle et sonore des mots, Rabelais révèle en creux, à tout moment de la lecture, une stratégie qui sape le fil rouge linéaire de la trame de l'œuvre. Toujours entamé dans son contraire, toujours prise dans l'irrésolution de paradoxes, l'espace de la *mimesis* se trouve alors "joint" à tout moment à *l'imitatio*. Leur force en ressort d'autant plus grande. Le leurre provoqué par l'amoncellement de techniques (arrêt langagiers, définitions, contrastes, paradoxes, alternance de chapitres sans arrêt repris plus tard dans l'œuvre) fait entrevoir un montage technique intertextuel intense. Cependant, le texte laisse échapper des "points de fuite" et espaces vers l'inconscient, qui transpercent à chaque moment et redéfinissent le cadre de l'écriture. Les lettres tracent alors un impact important dans l'imaginaire du 16e siècle, que nous avons défini en particulier avec les relations d'optique et de représentation visuelle. L'importance que Rabelais accorde au jeu de la lettre et de sa graphie nous a permis d'analyser l'influence des hiéroglyphes, mais aussi l'influence de la description signalétique et architecturale de

Geoffroy Tory. Les lettres ainsi détaillées et mises en jeu mettent en relief dans *Gargantua* tout un ensemble de jeux verbaux, sonores, qui déplacent des valeurs, transfèrent des formes, des anamorphoses et font entrevoir l'inconscient du texte. La mémoire et l'érudition prennent alors la relève de la découverte du texte.

Le montage traditionnel du *paratexte* et de l'emblème est déjoué à chaque instant dans *Gargantua*. L'auteur se sert de tout un ensemble de stratégies d'inserts, de montages et de plaquages pour détourner l'attention du lecteur, redéfinir la plasticité du texte. Ce jeu force le lecteur à s'arrêter à tout moment. L'enjeu de la lecture réside également dans le droit de se tromper: Rabelais laisse autant de points d'interrogations qu'il cite d'énonciations.

Dans ce vaste brassage de notions, la fonction de l'auteur semble alors compromise, ou tout au moins suspendue. Or il n'en n'est rien. Si les bribes du texte sont éparpillées, elle sont, comme nous l'avons vues au chapitre 3, ordonnées, et hiérarchisées. Si la lecture se trouve parfois troublée dans un amalgame de visions, Rabelais pose de par cette multitude de coupures, de brisures dans la narration un ensemble vaste et complexe qui reflète les problèmes de son temps. Il fait entrevoir à chaque instant la possibilité d'un ailleurs, d'un détournement de la littérature, d'un passage vers un autre monde. Les axes narratifs se déplacent conjointement et simultanément. Ils donnent aux mots des consonances à la fois intertextuelles, sonores – patrimoine classique – qui en déterminent la valeur.

Tel est peut-être également une des grandes forces du livre. Dans son ivresse de jeux verbaux synchronisés, les pages reflètent non seulement le plaisir d'enregistrer un ensembles de récits comiques, de bons mots, mais font voir et entrevoir tout un système en creux de critique social, structurel et économique. Social, parce que Rabelais, sous couvert des géants, ou du pseudonyme d'Alcofribas Nasier montre une société hiérarchisée, avec dominance du souverain, et de ses possibilités, de ses limitations. Mais aussi dans ses contradictions référentielles, dans son désir de faire voir la trame narratrice, Rabelais pose un discours, l'accuse, l'intègre à son propre mode tout en le disloquant à tout endroit. Il ne pose pas un monde vide-coquille, réduit à un pur néant, où les mots tournent à vide pour le plaisir de tourner, celui peut-être associé aux Grands Rhétoriqueurs. Chez Rabelais, ce mode absurde et comique porte en lui les germes d'un espoir, celui d'un changement.

Les points de fuite et d'évasion de tout le texte se lisent comme un appel vers une unité perdue, peut-être un inconnu. ils reflètent un carrefour de possibilités, de relations aléatoires.

Les discours du monde fantasmatique qui habitent le monde de Rabelais ne se limitent pas au sens de la fête pour la fête, comme nous en discutions au chapitre 4. Certes, ils montrent une évolution du rapport avec la fête et le carnaval: si les rites et les spectacles, les réjouissances, les repas, les parodies de différente nature orales ou écrites sur les thèmes de la naissance, du voyage, de la mort, les différentes formes et genres de vocabulaire et grossier comme les jurons, et les injures montrent une richesse des thèmes de la fête et du carnaval, ils continuent de proposer un monde de fête où les valeurs du haut et du bas s'intervertissent, où le corps et la vie revêtent à la fois un caractère cosmique et universel, où toutes les parties sont en étroite symbiose avec le monde.

Mais Rabelais se trouve également au carrefour de deux mondes: l'étude sur le corps au chapitre 3 reflète également une nouvelle conception de sens et de perception: la compréhension du corps passe par sa vision et son audition. La pratique de l'anatomie et de la dissection mettent à jour tout un ensemble de description différentes. Les canons de la beauté hérités de la Grèce antique repris par Vesale ou Galien, deviennent une expression de la normalité. Ils changent le reflet du corps dans une vision qui n'est plus unifiante. La perte du Christ fait également proliférer un nombre incalculable d'icônes, de graphismes, qui cherchent à retrouver cette possibilité d'unification. Le texte de Rabelais cristallise ses notions et fait entrevoir à tout moment cette fissure entre deux mondes. Le corps emblème se déplace de séquence en séquence, montrant un abîme sans fin, qui reflète toutes les inquiétudes du 16e siècle.

Conclure alors sur l'œuvre de Gargantua devient un paradoxe: Le texte s'ouvre dans un renouvellement de l'écriture et dans une redistribution des parties du corps sur un inconnu, toujours là et toujours fascinant.

NOTES

Introduction

1 Claude-Gilbert Dubois, *L'imaginaire de la Renaissance* (Paris: PUF, 1985), 6.

2 Par graphème, j'entends une unité minimale de tension marquant des notes d'appréhension à la fois visuelle et *orale*, à l'encontre du *phonème* ou du *morphème*, le graphème appartient au domaine de l'écriture imprimée. Son sens deviendra plus clair au fur et à mesure que la thèse se développe.

3 Lucien Febvre, *Le problème de l'incroyance au 16e siècle* (Paris: Albin Michel), 31.

4 M. Bakhtine, *Rabelais et le Moyen-Age sous la Renaissance* (Paris: Gallimard, 1968), 11.

5 Jean Paris, *Rabelais au futur* (Paris: Seuil, 1970).

6 Samuel Kinser, *Rabelais's Carnival. Text, Context, Metatext* (Berkeley: University of California Press, 1990).

7 François Bon, *La Folie Rabelais* (Paris: Minuit, 1990), 38.

8 François Rigolot, "Pantagruelisme et cratylisme," Etudes *Rabelaisiennes* 10 (1976), 12.

9 François Rigolot, "Pantagruelisme et cratylisme," *Etudes Rabelaisiennes* 10 (1976), 12.

10 L'inconscient ne connaît pas de définition dans son essence propre, malgré une myriade d'interprétation dans la littérature, histoire, politique, etc. C'est une arme précieuse et dangereuse. Nous utiliserons plus particulièrement les références de Lacan dans *Ecrits*, (Paris: Seuil, 1966), et la définition de Benvéniste, *Problèmes de linguistique générale* (Paris: Gallimard, 1966) 86: "Nous sommes donc en présence d'un "langage" si particulier qu'il a tout intérêt à se distinguer de ce que nous appelons ainsi.....Car ce qu'on appelle inconscient est responsable de la manière dont l'individu construit sa personne, et ce qu'il y affirme et de ce qu'il rejette ou ignore, ceci motivant cela."

11 Nous reprendrons en particulier ces définitions et l'explication de Roger Dadoun dans *Freud*, (Paris: Belfond, 1981), 180.

12 Toutes les références citées de *Gargantua*, sauf indication spécifique, sont extraites de Rabelais, *Oeuvres Complètes* (Paris: Seuil, 1973).

13 Marie Madeleine Fontaine, "rapport de synthèse," *Le Corps à la Renaissance Actes du XXXe colloque de Tours, 1987* (Paris: aux Amateurs de Livres, 1990): 482.

1 Les Perspectives

14 Michel Foucault, *Les mots et les choses* (Paris: PUF, 1966), 49–50.

15 Elisabeth Eisenstein, *The Printing Press as an Agent of Change* (Cambridge: Cambridge University Press, 1979), 26.

16 Geoffroy Tory, *Manière de parler et de se taire. Translatée du Latin en Langage français.* Extrait du XXVIIj.

17 *Champ Fleury* (Bourges, 1529), ed. J. W. Jolliffe (Paris-The Hague: Mouton and Johnson Reprint, 1970), ff. xiiii-xviii. Cette édition reproduit une autre édition (British Museum 60. e. 14.) Traduction anglaise (New York: Dover, 1967).

18 *Champ Fleury*, (Bourges, 1529) ed. J.W. Jolliffe (Paris-The Hague: Mouton and Johnson Reprint, 1970), 21.

19 Lacan distingue trois sortes de niveau en psychanalyse: le réel, le symbolique et l'imaginaire. Par l'imaginaire, il faut voir la relation du Je à l'image, dans laquelle le sujet se reconnaît et s'aliène, rencontre du mouvement de l'enfant vers le miroir, avant de revenir au miroir et à son reflet spéculaire. Le symbolique est une activité qui permet de relier les termes à une loi et à un système relationnel, et renvoie à la forme de symbolisation sous sa forme la plus générale. L'activité symbolique que l'imaginaire symbolique effectue est une fonction qui appartient au domaine des images, en fonction des règles de symbolisation.

20 Claude-Gilbert Dubois, *L'imaginaire de la Renaissance* (Paris: PUF, 1985), 17–18.

21 Claude-Gilbert Dubois, *L'imaginaire de la Renaissance* (Paris: PUF, 1985) 17–18.

22 Elisabeth Eisenstein, *The Printing Press as an Agent of Change* (Cambridge: Cambridge University Press, 1979).

23 Claude-Gilbert Dubois, *L'imaginaire de la Renaissance* (Paris: PUF, 1985), 8.

24 Ce sont les termes de Claude-Gilbert Dubois, *L'imaginaire de la Renaissance* (Paris: PUF, 1985), 8.

25 Claude-Gilbert Dubois indique dans "taxinomie poétique: compositions sérielles et constructions d'ensembles dans la création esthétique en France au seizième siècle" dans *Le signe et le texte* (Lexington: French Forum Monographs, 1990), 130–145, que les relations de pair et d'impair des fonctions théologiques et sexuelles transparaissent au travers d'un assemblage élaboré de relations, de calculs.

26 Sartre, *Qu'est-ce que la littérature* (Paris: Gallimard, 1974), chap 1 et 2. Michel Foucault, *Les mots et les choses* (Paris: Gallimard, 1966), chap 1 et 2.

27 Tom Conley, *The Graphic Unconscious* (Cambridge UP, 1991), 10.

28 *L'imaginaire de la Renaissance* (Paris: PUF, 1985), 81.

29 Claude-Gilbert Dubois, *Le maniérisme* (Paris: PUF, 1979), 26.

30 Claude-Gilbert Dubois, *Le maniérisme* (Paris: PUF, 1979) 27.

31 Michel Jeanneret, *Des mets et des mots* (Paris: Corti, 1987), 251.

32 *La fable mystique* (Paris: Gallimard, 1982), 25.

33 Michel de Certeau, *La fable mystique* (Paris: Gallimard, 1982), 25.

34 "L'objet de perspective dans ses assises visuelles," *Nouvelle Revue de Psychanalyse* 35 (Spring 1987): 143-64.

35 Michel de Certeau, *La fable mystique* (Paris: Gallimard, 1982), 88.

36 Paul Zumthor, *Le masque et la lumière* (Paris: Gallimard, 1978), 32.

37 François Rigolot, "The Rhétoriqueurs" dans *A New History of French Literature* (Cambridge: Harvard University Press, 1989): 127–133.
38 *Dictionnaire du Français contemporain* (Paris: Larousse, 1971), 854.
    Edmond Huguet, *Dictionnaire de la langue française du XVIe siècle* (Paris: Librairie Marcel Didier, 1925).
39 *Les Bigarrures*, éd. de Rouen, 1591, "T.I au Seigneur des Accords."
40 Jean Céard, *Rébus de la Renaissance* (Paris: Maisonneuve et Larose, 1986).
41 *Les Bigarrures*, éd. de Rouen, 1591, "T.I au Seigneur des Accords" 9–14.
    Repris également dans l'étude que donne Rigolot, dans *Le Texte de la Renaissance* (Paris: Droz, 1982), 44–47.
42 *Dictionnaire du Français Contemporain*, Spécial Enseignement (Paris: Larousse, 1971), 351.

2 Les Délits du Corps

43 Roger Dragonetti, *La vie de la lettre au Moyen-Age* (Paris: Seuil, 1980), 71 rappelle l'évolution de la lettre sur laquelle nous reviendrons en détail ultérieurement et fournit un des meilleurs exemples qui associent le sens de plaisir au mot *délit*.
44 François Rigolot, "The Rhétoriqueurs," *A New History of French Literature* (Cambridge: Harvard University Press, 1989), 127–133.
45 Le mot "neutre" est ici mis entre parenthèse, car il reprend la définition de Louis Marin, et sera questionné dans les paragraphes suivants.
46 Nous invoquons le fait d'aller en une ligne droite, d'un point à un autre.
47 Louis Marin, *Utopiques. Jeux d'espaces* (Paris: Minuit, 1973), 82.
48 Alfred Glauser étudie en détail les différentes oppositions des nombres dans *Fonctions du nombre chez Rabelais* (Paris: Nizet, 1982).
49 Louis Marin, *Utopiques. Jeux d'espaces* (Paris: Minuit, 1973) 82.
50 Floyd Gray, *Rabelais et l'écriture* (Paris: Nizet, 1974).
51 Nous nous inspirons ici de l'étude des oppositions de Alfred Glauser dans *Fonctions du Nombre chez Rabelais* (Paris: Nizet, 1982), 44–45 pour montrer l'accumulation des autres chapitres, mais aussi pour faire ressortir davantage leur complémentarité par soubresauts: entendons par là le fait de voir un même thème, repris quelques chapitres plus loin, et qui ajoute, ou ôte au sens positif ou négatif de la construction narratrice.
52 "The Madness of Vision," *Enclitic 5.1* (Printemps 1983): 25.
53 "The Madness of Vision," *Enclitic 5.1* (Printemps 1983): 25.
54 Cette "existence brute" pourrait correspondre à ce que Aulagnier dénomme, l'originaire, c'est-à-dire un mode de métabolisation de l'activité psychique qui permet l'élaboration de pictogramme. Piera Castoriadis-Aulagnier, *la violence de l'interprétation* (Paris: PUF, Série 'Fil rouge,' 1975), chapitre 2.
55 Claude Sylvestre, *Topique 25* (1980): 27–30.

126

56 "Il est très remarquable de voir combien le travail du rêve s'attache peu aux représentations de mots: il est à chaque instant prêt à échanger les mots les uns pour les autres jusqu'à ce qu'il trouve l'expression qui offre à la figuration plastique le plus de commodité" Sigmund Freud. "Compléments métapsychologique à la doctrine des rêves," dans *Métapsychologie* (1923): 134–135.

57 *Rabelais* (Ithaca and London: Cornell UP, 1980), 134.

58 Michel Jeanneret, *Des mets et des mots* (Paris: Corti, 1987), 250.

59 Jacques Derrida, *La dissémination* (Paris: Seuil, 1972), 13.

60 Alfred Glauser dans *Fonctions du nombre chez Rabelais* (Paris: Nizet, 1982), 46 parle "d'énumération symétrique allant selon les familles d'animaµx, en décroissant."

61 Léo Spitzer, "Rabelais et les rabelaisants," *Studi francesi* 4(1960), et imprimé de nouveau dans *Etudes de Style* (Paris, 1970) 134–165.

62 Louis Marin, *Utopiques : Jeux d'espaces* (Paris: Minuit, 1973), 92.

63 Marie-Madeleine Fontaine explique les relations mécaniques et perceptives dans "Quaresmeprenant: l'image littéraire et la contestation de l'analogie médicale," dans *Rabelais in Glasgow* ed. Coleman and Scollen-Jimack (Glasgow, 1984): 90–93.

64 Nous indiquons ici la citation du texte, et le travail que Louis Marin a effectué dans l'ouvrage cité précédemment.

3 Morcellement du Corps

65 Nous reprenons le titre du chapitre III de Michel Baraz, *Rabelais et la joie de la liberté* (Paris: Corti, 1985), 69–108.

66 Samuel Kinser, *Rabelais's Carnival* (Berkeley: University of California Press, 1990), 74. Marie Madeleine Fontaine dans "Quaresmeprenant: l'image littéraire et la contestation de l'analogie médicale," dans *Rabelais in Glasgow* ed. Coleman and Scollen-Jimack (Glasgow, 1984): 90–93.

67 Pour ne citer que Michael Screech, *Rabelais,* traduit de l'anglais par Marie-Anne de Kisch, (Paris: Gallimard, 1992), 182–184, et 245–249. Michel Beaujour, *Le jeu de Rabelais* (Paris, l'herne, 1969), 67v87. Daniel Menager, *Rabelais en toutes lettres* (Paris, Bordas, 1989), 56.

68 Toutes les références citées de *Gargantua,* sauf indication spécifique, sont extraites de François Rabelais, *Oeuvres Complètes* (Paris, Seuil, 1973).

69 Louis Marin, *La Parole mangée* (Paris, Klincksieck, 1986).

70 Michel de Certeau, *La fable Mystique* (Paris, Gallimard, 1982), 25.

71 Pierre Legendre, *La passion d'être un autre* (Paris, Seuil, 1978), 100.

72 Geoffroy Tory, *Champ Fleury*, Bourges 1529, (Paris-The Hague, Mouton and Johnson Reprint, 1970). Nous nous référons plus particulièrement à l'étude approfondie que Tory mène dans les pages 56–57, où il dresse l'étude d'un corps, "d'un homme lettre," le G du dessin est valorisé par Clio muse de l'histoire. Son point d'ancrage dans cette image est le nez, d'où sort le souffle vital de la vie. Mais le G est également dans les pages 38 et 41 du même livre la science géométrique représentant le cœur de l'homme, son centre vital.

73 Tom Conley, "a Silence seen," *L'Esprit Créateur,* 28.2(Summer 1988): 5.

74 Jean Paris, *Rabelais au futur* (Paris, Seuil, 1970), 42–43.
75 Geoffroy Tory, *Champ Fleury*, Bourges 1529, (Paris-The Hague, Mouton and Johnson Reprint, 1970), 32.
76 Claude Bailble, "le concert et son double," dans *L'audiophile*, No 44 (Octobre 1988): 88.
77 Michael Screech, précise particulièrement au chapitre IV de *Gargantua* (Paris, Gallimard, 1992), 182 que: "Rabelais, est au sens propre, un sceptique chrétien, bien avant l'époque où, d'après les érudits, cette philosophie a connu son plein épanouissement. Il croit qu'il n'y a aucun argument fondé en raison qui permette au chrétien de faire son choix entre la naissance miraculeuse de Gargantua, les naissances monstrueuses rapportées par Pline et l'histoire étrange qu'est la nativité du Christ."
78 Claude Gilbert Dubois, *L'imaginaire à la Renaissance* (Paris, PUF, 1985), 80.
79 Geoffroy Tory, *Champ Fleury*, Bourges 1529, (Paris-The Hague, Mouton and Johnson Reprint, 1970), 26.
80 Geoffroy Tory, *Champ Fleury*, Bourges 1529, (Paris-The Hague, Mouton and Johnson Reprint, 1970), 21.
81 Guy Rosolato, "L'objet de perspective dans ses assises visuelles," *Nouvelle Revue de Psychanalyse* 35 (Spring 1987): 143–164.
82 Albrecht Dürer, *The Painter's manual* (New York: Abaris Books, Inc., 1977).
83 Philippe Denis, "L'usage spirituel des cinq sens," dans *Le Corps à la Renaissance. Actes du XXXe Colloque de Tour, 1987* (Paris, Aux Amateurs de livres, 1990): 187.
84 Marie-Madeleine Fontaine, "Rapport de synthèse," *Le Corps à la Renaissance. Actes du XXXe Colloque de Tour, 1987* (Paris: Aux Amateurs de livres, 1990): 469.
85 *Champ Fleury* (Bourges 1529) (Paris-The Hague: Mouton and Johnson Reprint, 1970), 38.
86 "L'objet de perspective dans ses assises visuelles," *Nouvelle Revue de Psychanalyse* 35 (Spring 1987): 143–164 rappelle que "L'invisible se situe tout d'abord par rapport à l'objet, à la surface et à l'épaisseur qu'il donne à voir (et selon une structuration dont Meltzer a étudié la pathologie). Ce qui constitue un obstacle est l'arrière de l'objet, dans la mesure où il reste inaccessible pour une autre vision espérée."
87 Les apôtres étaient 12 lors de la cène, et Judas y fut exclus.
88 Nous reprenons ici la définition du *DFC* de la page 1113 qui stipule que *sus* est un adverbe: *Courir sus à quelqu'un*, c'est le poursuivre.
89 Jean Paris *Rabelais au Futur* (Paris: Seuil, 1970), 66-68.
90 Alfred Glauser, *Fonctions du nombre chez Rabelais*, (Paris: Nizet, 1982), 33–35.
91 Jean Paris, Ibid.
92 Jean Paris, Ibid.
93 Jean Delumeau, *Rassurer et protéger* (Paris: Fayard, 1989), 391.
94 Michel Jeanneret, *Des Mets et des Mots* (Paris: Corti, 1987), 250–271.
95 La description de ce gouffre est particulièrement exploré dans les pages précédentes.
96 François Rigolot, *Le texte de la Renaissance. Des Rhétoriqueurs à Montaigne* (Paris: Droz, 1982), 162.

97 Dans son *Champ Fleury* de 1529, Georges Tory appose la forme circulaire du O à celle du I pour expliquer le mythe d'IO, à l'origine de l'écriture.

98 Erwin Panofsky traite dans *L'œuvre d'art et ses significations*, "Essais sur les arts visuels" (Paris: Gallimard, 1969), 89 pour la traduction française, de leur intention qui "fut de découvrir un idéal en vue de définir le normal; et au lieu de déterminer les dimensions de manière sommaire, dans la seule mesure où elles étaient apparentes en surface, ils tâchèrent d'approcher l'idéal d'une anthropométrie purement scientifique en les vérifiant, avec une extrême exactitude et la plus grande attention à la structure naturelle du corps, non seulement en hauteur, mais aussi en largeur et en profondeur."

99 Michael Bakhtine, *Rabelais et le Moyen Age sous la Renaissance* (Paris: Gallimard, 1968), 34.

100 Alfred Glauser, *Fonctions du nombre chez Rabelais* (Paris: Nizet, 1982), 217 et suivantes.

101 Jean Delumeau, *Rassurer et protéger* (Paris: Fayard, 1989), et Camporesi, Piero, *L'officine des sens. Une anthropologie baroque* (Paris: Hachette, 1989).

4 Les emblèmes dans *Gargantua*

102 Geoffroy Tory, *Champ Fleury* (Bourges, 1529), ed. J. W. Jolliffe. (Paris-The Hague: Mouton and Johnson Reprints, 1970), 26.

103 Nous soulignons ici le terme désigné par Giselle Mathieu-Castellani dans "la parleuse muette," *L'esprit créateur* 28.2 (Summer 1988): 25.

104 Nous reprenons ce terme filmique pour souligner la qualité de "collage" d'association des deux réseaux.

105 Gisèle Mathieu-Castellani, "la parleuse muette," *L'esprit créateur* 28.2 (Summer 1988): 33.

106 Gisèle Mathieu-Castellani, "Le retour de l'emblème," *Littérature* No. 78 (May 1990): 3-10. Et pour une analyse détaillée des livres d'emblèmes. *Emblèmes de la mort: le dialogue de l'image et du teste* (Paris: Nizet, 1988).

107 Edmond Couchot, "Programmer l'invisible," *Littérature* No. 78 (May 1990): 78-86.

108 Gisèle Mathieu-Castellani "la parleuse muette," *L'esprit créateur* 28.2 (Summer 1988): 33.

109 Samuel Kinser, *Rabelais's Carnival* (Berkeley: University of California Press, 1990), 17-45.

110 Floyd Gray, *Rabelais et l'écriture* (Paris: Nizet, 1974), 10.

111 François Rigolot et Sandra Sider, "Fonctions de l'écriture emblématique chez Rabelais," *L'esprit créateur* 28.2 (Summer 1988): 36.

112 Voir la définition de Daniel Russell, *The Emblème and Device in France* (Lexington, Kentucky: French Forum, 1985), 175. The "bricoleur tended to disassemble some cultural édifice, some "sous-ensemble de la culture" or take fragments left over from earlier disintegration or deconstruction, and then reassemble some parts of the original edifice in new and modified configurations." Cet exemple de définition de bricolage est elle-même inspirée de Lévi-Strauss dans *la pensée sauvage* (Paris: Plon, 1962), 28 "regardons le à l'œuvre: excité par son projet, sa première démarche pratique est pourtant rétrospective: il doit se retourner vers un ensemble déjà constitué, formé d'outils et de matériaux; en faire, ou en refaire, l'inventaire; enfin et surtout, engager avec lui une sorte de dialogue."

113 Nous reprenons la définition de Rigolot et Sider dans l'article "Fonctions de l'écriture emblématique chez Rabelais," dans *L'esprit créateur* 28.2 (Summer 1988): 37.

114 Samuel Kinser, *Rabelais's Carnival* (Berkeley: University of California Press, 1990), 44.

115 "Son œuvre est donc toujours, malgré les modifications plus ou moins justifiées et faites au hasard des éditeurs qu'elle a subies par la suite, restée d'apparence beaucoup plus archaïque que celle de Cl. Marot par la langue comme par l'orthographe: mais ce n'est pas là une caractéristique de l'usage du 16e siècle, c'est une caractéristique du phénomène Rabelais." Catach, *Orthographe Française à l'époque de la Renaissance* (Genève: Droz, 1968), 168.

116 Voir également Stephen Rawles, M.A. Screech, *Etudes Rabelaisiennes* 20 (Genève: Droz, 1987): 132–147.

117 Richard Regosin, "Montaigne between the lines: Reading the interstices," *Les parcours des Essais* (Paris: Aux Amateurs des Livres, 1988): 47–57.

118 Jean Delumeau, *Rassurer et protéger* (Paris: Fayard, 1989), 387.

119 A propos de Montaigne, Richard Regosin montre que l'écriture de Montaigne bouge et attire sur un supplément: "Writing, and the writing of the self, is always a question of additions juxtaposed in an endlessly decentered – or uncentered – process of supplementation and of deferral, like a wall to which one forever adds." "Montaigne between the lines: Reading the interstices," *Les parcours des Essais* (Paris: Aux Amateurs des Livres, 1988): 52.

120 François Rigolot, *Poésie et onomastique* (Geneva: Droz, 1978), 27.

121 Peter Daly, *Literature in the Light of the Emblem* (Toronto: Toronto University Press, 1979), 11.

122 Giselle Matthieu Castellani, "la parleuse muette," *L'esprit créateur* 28.2 (Summer 1988): 25.

123 Roger Dragonetti, *La vie de la lettre au Moyen Age* (Paris: Seuil, 1980), 81.

124 Eva Tsuquiashi-Daddesio montre au cours de "Le bruissement silencieux de la graphie dans les "Fanfreluches antidotées," *L'esprit créateur* 28.2 (Summer 1988): 48 l'importance de ces découpages et de ces jeux par rapport à Tory: "Le jeu de cette forme dansante devient ainsi une parodie de la théorie de Tory. Le système de minuscules fonctionne comme une antidote analogique comique au sérieux du système de Tory et témoigne de l'usage de la notion du monde à l'envers."

130

125 Jurgis Baltrusaïtis, *Anamorphoses. Les perspectives dépravées* (Paris: Flammarion, 1984), 26 "Les bizarreries jouissent alors d'une nouvelle vogue. Nous sommes à une époque où l'art et le prodige s'entremêlent et s'associent étroitement. Les *"kunstund Wunderkammern"* qui se répandent à la Renaissance, continuant une tradition du Moyen-Age, se multiplient dans toute l'Europe. Les cabinets des érudits et des amateurs entassent toutes les merveilles du monde, les monstres empaillés, des objets rares, des curiosités naturelles, des instruments de perspective et des tableaux de maîtres."

126 D'après le *DFC contemporain* (Larousse: Paris, 1971) 1017 un *révélateur* est une composition chimique qui permet de transformer l'image latente d'une photographie en image visible.

127 Eva Tsuquiashi-Daddesio, "le bruissement silencieux de la graphie dans les fanfreluches antidotées," *L'esprit créateur* 28.2(Summer 1988): 48.

128 Tom Conley, "The Rabelaisian Hieroglyph," *The Graphic Unconscious* (Cambridge UP, 1991) Chapitre 2.

129 Marc Le Bot, "le silence dans les mots," dans "le Silence," *Corps écrit* 12 (1984): 24.

130 Tom Conley, "A silence seen," *L'esprit créateur* 2 (été 1988): 5.

131 *The Graphic Unconscious* (Cambridge, Cambrige University Press, 1992) chapitre 2.

132 Tory, *Champ Fleury* (Bourges, 1529), ed. J. W. Jolliffe. (Paris-The Hague: Mouton and Johnson Reprints, 1970).

133 Par "machines désirantes," nous reprenons ici le terme élaboré de Gilles Deleuze dans *L'anti-Oedipe* (Paris: Minuit, 1972), dans son premier chapitre, quand il exprime sa volonté de se séparer du concept traditionnel de l'Oedipe et expliquer que l'homme est régi par toute une multitude de flux de "pulsions" qui s'accumulent les unes aux autres et qui effectuent des coupures qui n'ont pas forcément à voir avec le système de L'Oedipe.

134 Gilles Deleuze et Félix Guattari, *L'anti-Oedipe* (Paris: Minuit, 1972), 12. Dans son article sur le bruit, Michel Serres établit un lien entre l'obsession du bruit et celle du calme, comme le pacifique dans "Noise," *Substance* 40 (1983): 48-60. Claude Levi-Strauss joue également sur l'étymologie du mot bruit dans *Le cru et le cuit*,(Paris: Plon, 1964), 334-344. Tom Conley associe l'importance des mots bruits et jargon dans le "Jargon d'Orléans," New Orleans Review, (1984): 18.

135 Tory, *Champ Fleury* (Bourges, 1529), ed. J. W. Jolliffe. (Paris-The Hague: Mouton and Johnson Reprints, 1970), 28.

136 Tory, *Champ Fleury*, Ibid.

137 Rigolot et Sider traitent des schémas indiqués sur le Y dans leur article "Fonctions de l'écriture emblématique chez Rabelais," dans *L'esprit créateur* 28.2(Summer 1988): 36.

138 Françoise Joukovsky, *La gloire dans la poésie française* (Genève: Droz, 1969), 426, insiste particulièrement sur l'importance de la couronne de lauriers en tant que symbole de triomphe mythologique. Nous y verrions ici un renouvellement de l'emblème de par sa forme circulaire.

139 Paul Zumthor, *Le masque et la lumière* (Paris: Seuil, 1978), 78-89.

140 François Cornillat, "Equivoques moralisées," *Poétique* No 83 (Septembre 1990): 299.
141 François Cornillat, "Equivoques moralisées," *Poétique* No 83 (Septembre 1990): 292.

Bibliographie

Aronson, Nicole. *Les Idées politiques de Rabelais*. Paris: Nizet, 1973.

Auerbach, Erich. *Mimesis*. Tr. Williard R. Trask. New York: Doubleday, 1956.

Aulagnier, Pierra. *L'apprenti-historien et le maître sorcier*. Paris: Presses Universitaires de France, Série 'Fil rouge', 1984.

————. *Un interprète en quête de sens*. Paris: Ramsay, 1986.

————. *La violence de l'interprétation*. Paris: Presses Universitaires de France, Série "Fil rouge," 1975.

Aulotte, Robert. *Précis de littérature française du XVIe siècle*. Paris: PUF, 1991.

Bakhtine, Mikkail. *L'œuvre de François Rabelais et la culture populaire au Moyen-Age*. Cambridge, Mass: M.I.T. Press, 1968.

Bailblé, Claude. "Le concert et son double" *L'audiophile*, 44 (octobre 1988).

Baltrusaitis, Jurgis. *Le Moyen Age fantastique*. Paris: Colin, 1955.

————. *Réveils et prodiges*. Paris: Colin, 1960.

————. *Anamorphoses. Les perspectives dépravées*. Paris: Flammarion, 1984.

Baraz, Michel. *Rabelais et la joie de la liberté*. Paris: Corti, 1983.

Barthes, Roland. *l'Obvie et L'obtus*. Essais critiques III. Paris: Seuil, 1982.

————. *L'empire des signes*. Paris: Flammarion, 1970.

————. *Le degré zéro de l'écriture*. Paris: Seuil, 1972.

————. *Mythologies*. Paris: Points, 1970.

Beaujour, Michel. *Le jeu de Rabelais*. Issoudun: L'Herne, 1969.

————. *Miroirs d'encre*. Paris: Seuil, 1980.

Beaulieux, Charles. *Histoire de l'orthographe française*. Paris: Champion, 1927.

Benveniste, Emile. *Problèmes de linguistique générale*. 2 vols. Paris: Gallimard, 1966.

Blanchot, Michel. *Le livre à venir*. Paris: Gallimard, 1959.

Bon, François. *La folie Rabelais*. Paris: Minuit, 1990.

Brunon, Françoise. *L'emblème à la Renaissance*. Paris: Société des Editions Supérieures, 1980.

Brunot, Ferdinand. *Histoire de la langue française de ses origines à 1900*. V. 2. Paris: Colin, 1905.

Butor, Michel. *Les mots dans la peinture*. Paris: Gallimard, 1968.

Cali, François. *L'ordre flamboyant et son temps. Essai sur le style gothique du 13e au 16 siècle*. Paris: Arthaud, 1967.

Camporesi, Piero. *La chair impassible*. Paris: Flammarion, 1986.

————. *L'enfer et le Fantasme de l'hostie, une théologie baroque*. Traduit de l'italien par Monique Aymard. Paris: Hachette 1989.

————. *L'officine des Sens. Une anthropologie baroque*. Traduit de l'italien par Myriem Bouzaher. Paris: Hachette, 1989.

Catach, Nina. *Orthographe Française à l'époque de la Renaissance*. Genève: Droz, 1968.

Cave, Terence. *Literary Theory and Renaissance Texts*. Baltimore: Johns Hopkins Press, 1986.

Céard, Jean. *Le rébus de la Renaissance*. Paris: Maisonneuve et Larose, 1986.

Certeau, Michel de. *L'écriture de l'histoire*. Paris: Gallimard, 1975.

————. *La fable mystique*. Paris: Gallimard, 1982.

————. "The Gaze of Nicholas of Cusa." Tr. K. Porter. *Diacritics* 17.3 (Fall 1987): 2–38.

————. *Histoire et psychanalyse entre science et fiction*. Paris: Gallimard, 1987.

————. *L'invention du quotidien*. Paris: Union Générale d'Editions, 1976.

————. "The madness of vision." tr. Michael Smila, *Enclitic* 5.1 (Printemps 1983): 25.

Conley, Tom. "Samuel Beckett; Color, Letter, and Line." *Visible language*. 19.4 (automne 1985): 484–498.

———. "The Graphic Unconscious" dans *The Psychoanalytic Study of Literature*. Ed. Joseph Reppen, and Maurice Charney, (New York: psychoanalytic books, 1985):193.

———. *The Graphic Unconscious*. Cambridge: Cambridge University Press, 1991.

———. "Graphics of Silence in 16th Century literature." *L'esprit créateur*. 2.28 (Summer 1988).

———. "Hiéroglyphes de Rabelais". *Hors Cadre*. 1.1 (Printemps 1983): 96–118.

———. "Le jargon d'Orléans." *New Orleans Review* 12 (1985): 12–26.

———. "Montaigne's Hispanic Issues: Cartographies of the new World in the *Essais*." *Hispanic Issues* 3 (1989-90): 225–62.

———. "Le sonnet-emblème: Scève et Ronsard." Littérature 63 (October 1986): 24–33.

Cornilliat, François. "La couleur de l'écriture: le débat de peinture et de la rhétorique dans *La Plainte du désiré* de Jean Lemaire." *Nouvelle Revue du Seizième Siècle* 7 (1989): 7–23.

———. "Equivoques moralisées," *Poétique* No 83 (Septembre 1990): 281–303.

Corpus. Paris: Corpus des œuvres de philosophie en langue française. 4 (1er trimestre 1987).

Cottrell, Robert. "Scèves's *Blason* and the Logic of the Gaze." *L'Esprit créateur* 28.2 (Summer 1988): 68–77.

Curtius, Ernst Robert. *European Literature and the Latin Middle Ages*. Tr. Williard R. Trask. Princeton: Princeton University Press reprint, 1971.

Daddesio, Eva. "Le bruissement silencieux de la graphie dans 'Les Fanfreluches antidotées'." *L'Esprit créateur* 28.2 (Summer 1988): 48–57.

Daly, Peter. *Literature in the light of the emblem*. Toronto: University of Toronto Press, 1979.

Dadoun, Roger. *Freud*. Paris: Belfond, 1981.

Delègue, Yves. *La perte des mots. Essai sur la naissance de la "littérature" aux XVIe et XVIIe siècle*. Strasbourg: Presses Universitaires de Strasbourg, 1990.

Deleuze, Gilles. *L'anti-œdipe*. Paris: Minuit, 1972.

Delumeau, Jean. *Rassurer et protéger*. Paris: Fayard, 1989.

———. *La peur en occident (XIV–XVIIIe siècle)*. Paris: Hachette, 1977.

Demerson, Guy. "Les calembours de Rabelais." In *Le comique verbal au seizième siècle*. Warsaw: Cahiers de Varsovie, 1981.

———. *Rabelais*. Paris: Balland, 1986.

Demonet, Marie-Luce. *Les voix du signe. Nature et origine du langage à la Renaissance*. Paris: Champion, 1992.

Denis, Philippe. "L'usage spirituel des cinq sens," dans *Le Corps à la Renaissance. Actes du XXXe Colloque de Tour, 1987*. Paris: Aux amateurs de livres, 1990. 187.

Dermenghem. *Les utopies à la Renaissance*. Paris: PUF, 1963.

Derrida, Jacques. *La dissémination*. Paris: Seuil, 1972.

———. *La Grammatologie*. Paris: Minuit, 1967.

———. *Parages*. Paris: Galilée, 1985.

Dictionnaire du Français Contemporain. Paris: Larousse, 1980.

Dragonetti, Roger. *La vie de la lettre au Moyen Age*. Paris: Seuil, 1980.

Dubois, Claude-Gilbert. "Corps de la lettre et sexe des nombres: L'imagination de la forme dans le traité de Geoffroy Tory sur la Vraye proportion des lettres." *Revue des sciences humaines* 51 (1980): 77–91.

———. *L'imaginaire de la Renaissance*. Paris: PUF, 1985.

———. *Le maniérisme*. Paris: PUF, 1979.

———. *Mots et règles, jeux et délires. Etudes sur l'imaginaire verbal au XVIe siècle*. Caen: Paradigme, 1992.

———. "Taxinomie poétique: compositions sérielles et constructions d'ensembles dans la création esthétique en France au seizième siècle" dans *Le signe et le Texte*. Lexington: French Forum Monographs, 1990. 130–145.

Dürer, Albrecht. *The Painter's manual*. New York: Abaris Books, Inc., 1977.

Etudes sur le XVIe siècle pour Alfred Glauser. Paris: Nizet, 1979.

Eisenstein, Elisabeth. *The Printing Press as an Agent of Change*. Cambridge: Cambridge University Press, 1979.

Febvre, Lucien. *Le problème de l'incroyance au XVIe siècle*. Paris: Albin Michel, 1942 et 1968.

Fontaine, Marie Madeleine. "Quaresmeprenant: l'image littéraire et la contestation de l'analogie médicale," dans *Rabelais in Glasgow*. Ed. Coleman and Scollen-Jimack (Glasgow, 1984): 90–93.

Foucault, Michel. *Ceci n'est pas une pipe*. Montpellier: Fata Morgana, 1973.

———. *Histoire de la folie à l'age classique*. Paris: Gallimard, 1972.

———. *Les mots et les choses*. Paris: Gallimard, 1966.

———. *La volonté de savoir. Histoire de la sexualité 1*. Paris: Gallimard, 1976.

———.*L'usage des plaisirs. Histoire de la sexualité*. Paris: Gallimard, 1987.

Foulet, Lucien. *Petite syntaxte de l'ancien français*. Paris: Champion, 1968.

Freud. *Les rêves*. Paris: PUF, 1967.

———. *L'interprétation des rêves*. Paris: PUF 1969.

———. *The Standard Edition of the Complete Psychological Works of Sigmund Freud*. 24 v. London: Hogarth Press, 1955.

Gaignebet, Claude. *Le Carnaval*. Paris: Payot, 1974.

Giard, Luce. *Le Voyage mystique. Michel de Certeau. Etudes publiées*. Paris: Editions du Cerf, 1988.

Glauser, Alfred. *Fonctions du nombre chez Rabelais*. Paris: Nizet, 1982.

———. *Rabelais créateur*. Paris: Nizet, 1966.

Godefroy. *Lexique de l'ancien Français*. Paris: Champion, 1967.

Goodman, Nelson. *Languages of Art*. Indianapolis: Hackett Publishing Company, Inc. 1974.

Gombrich. E.H. *Les moyens et les fins*. Traduit de l'anglais par Michèle Hechter. Paris: Rivages, 1988.

Gougenheim, G. *Grammaire de la langue française du XVIe siècle*. Paris: I.A.C, 1952.

Gray, Floyd. "Ambiguity and Point of View in the Prologue to Gargantua." *Romanic Review* 56 (1965): 19–25.

———. *Rabelais et l'écriture*. Paris: Nizet, 1974.

———. *Rabelais et le comique du discontinu*. Paris: Honoré Champion, 1994.

Hallyn, Fernand. *Le sens des formes. Etudes sur la Renaissance*. Genève: Droz, 1994.

Hollier, Denis. *Rabelais ou c'était pour rire*. Paris: Larousse, 1972.

Huguet, Edmond. *Dictionnaire de la langue française du XVIe siècle*. Paris: Librairie Marcel Didier, 1925–67.

Huizenga, Johann. *The Waning of the Middle Ages*. Tr. Frederick Hopman. New York: Doubleday, 1956.

"L'ivresse." *Corps écrit*. Paris: Presses Universitaires de France, 1984.

I and L. Special number: Plays and Playhouses in imperial Decadence. Numéro 1 (1986).

Jeanneret, Michel. *Des mets et des mots. Banquets et Propos de table à la Renaissance*. Paris: Corti, 1987.

———.*Versants. Revue suisse des littératures romane*s. Lausanne: l'age d'homme, 2 (1981–1982): 31.

Joukovsky, Françoise. *La gloire dans la poésie française*. Genève: Droz, 1969.

Kinser, Samuel. *Rabelais's Carnival*. Berkeley: University of California Press, 1990.

Lacan, Jacques. *Ecrits*. Paris: Seuil, 1984.

Larousse Encyclopedia of Renaissance and Baroque Art. New York: Prometheus Press, 1967.

Le Bot, Marc. "Le silence dans les mots" dans "Le Silence." *Corps Ecrit* 12 (1984).

Legendre, Pierre. *La passion d'être un autre*. Paris: Seuil, 1978.

Lestringant, Frank. "Rabelais et le récit toponymique." *Poétique* 50 (April 1982): 207–225.

———. "Le prince et le potier. Introduction à la Recepte véritable de Bernard Palissy." *Nouvelle revue du 16e siècle*. No 5, 1985.

Lévi-Strauss, Claude. *La pensée sauvage*. Paris: Plon, 1962.

————. *Le Cru et le Cuit*. Paris: Plon, 1962.

Lyotard, Jean-François. *Le différend*. Paris: Minuit, 1983.

————. *Discours, figure*. Paris: Klincksieck, 1973.

Mannoni, Octave. *Clés pour l'imaginaire ou l'autre scène*. Paris: Seuil, 1977.

Marin, Louis. *La Parole mangée*. Paris: Klincksieck, 1986.

————. *Le portrait du roi*. Paris: Minuit, 1981.

————. *Utopiques: jeux d'espaces*. Paris: Minuit, 1973.

Massin. *La lettre et l'image*. Paris: Gallimard, 1973.

Mathieu-Castellani, Gisèle. *Emblèmes de la mort: le dialogue de l'image et du texte*. Paris: Nizet, 1988.

————. "La parleuse muette." *L'Esprit créateur* 28.2 (1988): 25–35.

————. "Le retour de l'emblème." *Littérature* no. 78 (May 1990): 3–10.

Montaigne, Michel Eyquem. *Les Essais*. Ed. Pierre Villey. Paris: Presses Universitaires de France, Série Quadrige, 1965 (1988 réédition).

Menestrier. *Art des Emblèmes*. 1662.

Moreau, François. *Un aspect de l'imagination créatrice chez Rabelais. L'emploi des images*. Paris: C.D.U. et SEDES réunis, 1982.

Panofsky, Erwin. *Early Netherlandish Painting*. 2 v. Cambridge: Harvard University Press, 1953.

————. *L'œuvre d'art et ses significations*. Essais sur les "arts visuels." Paris: Gallimard, 1969.

————. *Renaissance and Renascences in Western Art*. Stockholm: Almquist & Wiksell, 1960.

————. *Studies in Iconology*. New York: Harper, 1967.

Paré, Ambroise. *Traité des monstres et des prodiges*. Paris: 1573.

Paris, Jean. *Lisible/visible. Essais de critique générative*. Paris: Seghers/Laffont, 1978.

————. *Rabelais au futur*. Paris: Seuil, 1970.

Praz, Mario. *Mnemosyne: The Parallel between Literature and the Visual Arts.* Princeton: Princeton University Press, 1970.

Pierssens, Michel. *The Power of Babel.* Newton Road: Routledge and Kegan Ltd, 1980.

Propp, Vladimir. *Morphologie du conte.* Paris: Seuil, 1965 et 1970.

Rabelais, François. *Oeuvres complètes.* Paris: Seuil, 1973.

Rawles, Stephen and Screech, M.A. *Etudes rabelaisiennes XX.* Genève: Droz 1987.

Regosin, Richard. *The Matter of my Book.* Berkeley: University of California Press, 1978.

———. "Montaigne between the lines: Reading the interstices," *Les parcours des Essais.* Paris: Aux Amateurs des Livres, 1988. 48–57.

Renaud, Armand. "Androgyny as a Critical Concept." *French Literature Series 4* (1977): 23–32.

Riffaterre, Michael. *La production du texte.* Paris: Seuil, 1979.

———. *Semiotics of Poetry.* Bloomington: Indiana University Press, 1978.

Rigolot, François. "Cratylisme et Pantagruélisme." *Etudes Rabelaisiennes 13* (1976): 115–32.

———. "Les langages de Rabelais" dans *Etudes Rabelaisiennes*10. Paris: 1973.

———. "Dichotomie épistémologique chez Rabelais." dans: *Poétique et onomastique.* Geneva: Droz, 1977. *Poétique et onomastique.* Genève: Droz, 1977.

———. "Léda and the Swan: Rabelais's Parody of Michelangelo." *Renaissance Quarterly* 38.4 (Winter 1985): 688–700.

———. "The Rhétoriqueurs." Denis Hollier, ed. *A New History of French Literature.* Cambridge: Harvard University Press, 1989.

———. *Le texte de la Renaissance.* Genève: Droz, 1982.

Rigolot, François et Sandra Sider. "Fonctions de l'écriture emblématique chez Rabelais." *L'esprit créateur* 28.2 (Summer 1988).

Robbe-Grillet, Alain. *Pour un nouveau roman.* Paris: Minuit, 1963.

Ropars-Wuilleumier, Marie-Claire. *Le texte divisé*. Paris: Presses Universitaires de France, Série écriture, 1981.

Rosolato, Guy. *Eléments de l'interprétation*. Paris: Gallimard, 1985.

———. "l'objet de perspective dans ses assises visuelles." *La Nouvelle Revue Française de la Psychanalyse*. 35 (Spring 1987) 143–164.

Russel, Daniel. *The Emblem and Device in France*. Lexington, Kentucky: French Forum Publishers, 1985.

Sanfançon, Roland. *L'Architecture flamboyante en France*. Laval: Presses de l'Université, 1972.

Sartre, Jean-Paul. *Essays in Aesthetics*. NY: Freeport, 1970.

———. *Les mots*. Paris: Gallimard, 1964.

———. *Qu'est-ce que la littérature*. Paris: Gallimard, 1974.

Screech, M.A. *Etudes Rabelaisiennes*. Genève: Droz, 1959.

———. *Rabelais*. Ithaca and London: Cornell University Press, 1980.

Serres, Michel. "Noise." *Substance* 40 (1983).

"Le Silence." *Corps écrit* 12. Paris: Presses Universitaires de France, 1984.

Spitzer, Léo. "Rabelais et les rabelaisants." *Studi francesi* 4 (1960).

Sylvestre, Claude. "Le moment régressif." *Topique* no. 25 (1980): 27–30.

Tetel, Marcel. *Etude sur le comique de Rabelais*. Firenze: L.S. Olschki, 1964.

Tory, Geoffroy. *Champ Fleury*. Bourges 1529. Ed J.W. Joliffe. Paris-The Hague: Mouton and Johnson Reprint, 1970.

———. *Manière de parler et de se taire. Translatée du Latin en Langage français*. Extrait du XXVIIj. 1529.

Zumthor, Paul. *Le masque et la lumière*. Paris: Seuil, 1978.

Weinberg, Florence. *The Wine and the Will*. "Rabelais's Bacchic Christianity." Detroit: Wayne State University Press, 1972.

Weber, Samuel. *The Legend of Freud*. Minneapolis: University of Minnesota Press, 1982.

INDEX

Studies in the Humanities

Edited by Guy Mermier

The Studies in Humanities series welcomes manuscripts discussing various aspects of the humanities. The series' emphasis is on medieval and Renaissance literatures with a focus on Western civilizations and cultures. Submissions dealing with linguistics, history, politics, or sociology within the same time frame and geographical bounds are also encouraged. Manuscripts may be submitted in English, French, or Italian. The preferred style manual is the MLA Handbook (1995).

For additional information about this series or for the submission of manuscripts, please contact:

Peter Lang Publishing, Inc.
Acquisitions Department
275 Seventh Avenue, 28th floor
New York, New York 10001